ヒロシマ
遡上の旅

父に捧げるレクイエム

川越　厚

本の泉社

まえがき

わたしは長きにわたって在宅ホスピスケアのあるべき姿を追求し、実践してきた医師であり、そして被爆二世である。

そのわたしがヒロシマ遡上の旅に出ようとしたきっかけは、二〇二一年、小学校五年生の孫の斎藤理穏《りおん》から送られてきたレポートだった。彼は夏休みの宿題に原爆を取り上げ、被爆した曾祖父・川越研三（つまりわたしの父）の足跡をたどりながら「原爆という兵器がいかに人間の日常を破壊し、人々に不幸をもたらすか」について思いをめぐらし、子どもの視点ではあるが平和の大切さをしっかり捉えていた。

しかしこのときわたしは、そのレポートを読んだ感想を素直に孫へ伝えることができなかった。というのはわたし自身、いままで原爆から意識的に目を背けてきたところがあり、「それでいいのか」「原爆の問題をそのままにして、自分の人生を終えてしまって本当によいのか」と自問しているときだったからである。この思いは二〇二一年の八月山梨県北杜《ほくと》市へ移住してからますます強くなり、「ヒロシマへの遡上の旅こそ、わたしに残された最後の仕事だ」と考えるようになっていた。とはいえ、原爆の閃光の瞬間に向かって収斂していく遡上の旅が楽しいはずもなく、なかなか旅立ちの決心がつかなかった。そのとき届いたのが孫の手紙であり、レポートだったのである。

手紙を受け取ったとき、わたしの脳裏をよぎったのは「天の下の出来事にはすべて定められた時がある」(旧約聖書『コヘレトの言葉』三章一節)という言葉であった。ヒロシマのリアリティは時がたつと風化して姿が変わり、いずれ忘れ去られるおそれがある。そのようなことが起きないように原体験を継承し次世代に伝えていくのは、被爆二世のわたしに神が与えた最後のチャンスに違いない。そう考えてわたしは腹をくくった。

運命的なものを感じたわたしは、「原爆の問題は被爆二世にとって、最重要課題だ。正面から向きあうようにするよ」と孫の理穏に約束した。もはや後に引くことは許されない。ヒロシマ遡上の旅に旅立つ前の年、二〇二二年秋のできごとだった。

さらに背中を押してくれたのは、師と仰ぐ柳田邦男先生であった。たまたま先生からお電話があり、ヒロシマ遡上の旅について相談すると、先生はすぐ「それはとてもよいことだ」

と励ましてくださった。そして「ぜひ本にしなさい」とおっしゃる。先生がNHKに入局したとき、最初の赴任地が広島だったこともあり、「自分の棺に入れる一冊の本は原爆と枕崎台風の複合災害を取り上げた『空白の天気図』（新潮社、一九七五年）と決めている」と教えてくださった（このときの会話は九〇頁参照）。その先生からの励ましであり、アドバイスだ。わたしは大変光栄に思い、心強く感じた。

「ヒロシマ遡上」とはヒロシマへ時間を遡っていくことを意味するが、問題は遡るといっても、どのような立ち位置で「何を見るか」をあきらかにしなければならない。広島の原爆資料館には、八〇年にわたって蓄積された膨大な原爆の資料が残っている。わたしが入り込む隙間など残されていないだろう。わたしは本としてまとめるとすれば、自分なりの資料を整理し、プライベートなかたちで原爆を文書化することだと思い定めた。具体的な作業として数少ない父の言葉を中心視座に据え、母・静枝《しずえ》の日記、関係する人の言葉で補い、自分自身は現場を踏んで追体験することにした。

このとき、三十数年間にわたって在宅ホスピスケアに携わってきたことはじつに大きいものがあった。この経験がなければ、わたしのヒロシマ遡上の旅は底の浅いものになりかねなかったと思う。

北杜市からヒロシマへの遡上の旅は二〇二三年八月四日にはじまり、二〇二四年八月七日に終了する。全五回、延べ一七日間。同行者との会話から多くのヒントをもらいつつ、わたしが何を感じ、どう考えたか。それが本書のテーマである。

目次

Ⅱ

Ⅲ

装幀＝杉松けやき

I

父と母の結婚
（1938年2月。左から、母・静枝、父・研三、祖母・ナミヱ、叔父・助）

遡上の旅へ

広島市に居住しているかどうかにかかわらず、八月六日は被爆二世にとって特別な日である。五八年前の一九六六年に東京生活をはじめたわたしは、何をするというわけでもないが、その日のヒロシマの動きにはとくに関心をもち、アンテナを張ってきた。程度の差はあるだろうが、多くの被爆二世がわたしと同じような気持ちでその日を迎えていると思う。

原爆投下から二年経過した一九四七年五月に生を受けたわたしは、原爆の惨状を直接には知らない。だが、父は爆心地から一・三キロ離れた場所で被爆し、母は数日後に市内へ入っているので、疑いなき被爆二世ということになる。父方の祖母ナミヱは直接の被爆死こそ免れたが一か月経過した一九四五年九月、急性原爆症のために死亡しており、父の弟である叔父の助《たすく》は新妻三千子《みちこ》を原爆で失っている。これまで親しい友人にさえも、わたしはこの事実を話したことはなかった。原爆がわたしのこれまでの七七年の人生に多大な影響を与えたことはまぎれもない事実である。しかし実際は原爆に向き合うことをむしろ避けてきたのだ。

戦わずして相手の巨大さに圧倒されるだろうというおそれに加え、わたしの個人的な思いも関係していることは間違いないだろう。被爆時、陸軍将校として父はヒロシマで軍務についていた。わたしにとって被爆時の彼の行動を知ることは、私人としての優しい父親とは異なる、厳しい軍人としての違った姿を見ることになりかねない。原爆は触れたくない、できれば避けて通りたいというのがわたしの正直な気持ちだった。

被爆一世はいうまでもなく、原爆の間接的な記憶を持つ被爆二世も高齢を迎えているいま、もうこの問題から逃げ出すことは許されない。ヒロシマへ遡上し、自分の「間接的であやふやな記憶」を再確認するとともに、あらためてその意味をとらえ直すときなのだ。

わたしの生まれは山口市だが、山口で過ごしたのは広島県の呉市へ移住する一九五〇年（昭和二五年）までの三年間で、一九五六年（昭和三一年）から上京して学生生活をはじめた一九六六年（昭和四一年）まで、わたしは広島市内で過ごした。東京生活を五五年間つづけた後、二〇二一年に居を北杜市へ移し、現在にいたっている。広島にいたのは呉時代を含めても決して長くないが、わたしは癖のある広島弁をいまも流暢に話すことができる、まぎれもない広島人である。わたしにとって広島が特別な町であり、心のふるさとであることはいまも変わりない。

ふるさとを離れて五八の春秋を数えたわたしは、その間何度も広島に足を運んでいる。そのつど、瀬戸内特有のなだらかな山と美しい川に心をなごませ、のどかな白砂の浜を眼前に眺め、心地よい広島弁を耳にしながら、懐かしい友と酒を酌み交わした。帰郷の旅は父が死んだときの帰広を除き、すべてが心躍る楽しいときだった。

だが今回の旅は、まったく気持ちが異なる。その日が近づけば近づくほど、わたしの心は重くなり、気は滅入るばかりだった。

調査目的で広島を訪れたのは五回、それぞれ数日間の滞在である。

第一回　二〇二三年八月四日から四日間
第二回　二〇二四年一月一三日から三日間
第三回　二〇二四年四月一八日から四日間
第四回　二〇二四年六月一六日から三日間
第五回　二〇二四年八月五日から三日間

いずれの旅も短期間だったが、原爆関係のことにかくも集中したことはこれまでなかった。

なお、第一回と五回の旅はわたしの娘・牧子（理穏の母親）といっしょであり、孫・理穏は最後の第五回に参加した（当時、中学二年生）。また、わたしの企図に興味をもってくれたNHK広島の福島由季ディレクターが五回すべてにつきあってくれた。

旅立ちの朝

二〇二三年（令和五年）八月四日の早朝、わたしは妻の見送りを受け、ヒロシマ遡上の旅の第一歩を踏み出した。娘・牧子とはヒロシマで合流する予定である。

ただ、旅立つ前にどうしてもやっておかなければならないことがあった。それは、一人の若い乳がん患者Aさんを訪問することだった。

「何があっても、死亡診断だけは先生にお願いしたい」――強い希望をもつ彼女は、そのとき瀕死の状態だった。北杜を留守にする八月四日から七日までの四日間、彼女の希望に応えられない恐れが出てきた。苦肉の策として、わたしは死亡診断の二四時間ルールを用いて、せめてもの誠意を示そうとした。北杜市を離れる八月四日の朝に診察をしておけば、その後の二四時間までは特別な事情がないかぎり診察を省略し、わたしの名前で死亡診断書を発行することができる。それより後に彼女が亡くなった場合はわたしが死亡診断をすることはできないが、そのときの死亡診断は留守番の先生にお願いしてあるので問題はない。

すがすがしい初夏の早朝、車はほぼノンストップで甲州街道から少し入ったところにある彼女の家の前に到着した。玄関の扉をそっと開けて中に入ると、いつもとようすが異なる。尻尾を振りながら騒がしく吠えたててわたしを迎えてくれる、二匹の子犬の姿が見あたらないのだ。夫に尋ねると、「寝室に置いたケージのなかにいるのだが、昨日からうずくまったまま二匹とも元気がない」とのことだった。

彼女に初めて会ったのは三か月前の五月三日。そのとき彼女はひどい胸痛に苦しんでいた。「夫のちょっとした言葉で傷つく」、彼女は涙ぐみながら夫の冷たさを訴え、夫は夫で「これまでと違って、妻は私に対して攻撃的になった。失禁がめだつようになり、寝てばかりいる」と、がんの進行により日々変わっていく妻への不満と不安を口にした。

痛みが二人の不仲の原因だと考えたわたしは、医療用麻薬を使用してまず痛みの緩和をはかることにした。効果はてきめんだった。痛みが楽になると全身状態も改善し、彼女が夫に強く当たり散らすことは少なくなった。とはいえ、これですべてが解決したわけではない。

脳転移を抱えた彼女はときおり天井を見つめながら、「火事です。大変です。消防に電話してください」とか、「救急車を呼んで……」と混乱することがあった。それでも正気なときには、夫に向かって「あなた、体を大切にして私の分まで長生きしてね」と諭すように言うこともあった。そのようなやさしい言葉をかけられると、彼はいたたまれなくなり、隣の部屋に移動して涙を流しながらしばらくそこにたたずんでいた。

わたしがヒロシマへ旅立つ二週間前になると必要十分なモルヒネが行き届くようになったためか、彼女が痛みを訴えることはほとんどなくなった。訪問時、彼女はしっかりと目を開けてわたしに挨拶するほどまで状態は改善した。また膀胱内にカテーテルを留置したので、トイレ介助のために夫は夜中に起きる必要がなくなり、ぐっすり朝まで休むことができるようになった。

ヒロシマへの旅立ちの朝、彼女の表情は穏やかだった。それはよかったのだが、死が目前に迫っていることに変わりはない。「死亡診断はわたしがする」という約束はいよいよ重みを増し、まさに後ろ髪をひかれる思いで、わたしは彼女の家を後にした。

高速道路に乗るまで少し時間があったので、わたしは彼女の家からほど遠からぬ所の道路脇に車をとめ、車外に出て朝の空気を深く吸い込みながら、周囲の山々をゆっくり見渡した。目の前の甲斐駒ヶ岳。さきほど彼女の家で見たときよりも、はるかに大きく見える。山岳信仰の対象として有名なこの山は、見る場所のちょっとした違いで顔つきがまったく異なる。

わたしはどちらかというと、神秘さを増す、鋭角に峻立する甲斐駒が好きだ。彼女が最期の地として選んだこの場所には、「甲斐駒ヶ岳の傍で暮らしたい」という夫婦の強い願いが込められていた。

甲斐駒ヶ岳と甲州街道を挟んで対峙するのが八ヶ岳。その道路脇から眺めると、いくつかの頂を数えることができた。東南の方角に目を向けると、少し雲のかかった富士山が泰然として遠くたたずんでいた。

いままさに消えゆきつつある彼女の命。夫の手厚い看病はもとより、多くの人の力で今日まで大切に守られてきた。一方、これから向かおうとしているヒロシマでは、一瞬にして焼き尽くされた多数の尊い命と向き合わなければならない。そのことを考えるとわたしの気持ちは滅入るばかりだったが、旅立ちにあたりわたしの頭を占めていたのは彼女ひとりの命だった。わたしは四方の山辺に向かって目を挙げ、心で祈った。

「わたしが帰ってくるまで、どうぞ彼女の命を守ってください。御心のままに」

八月六日の朝、父はいつもヒロシマにいなかった

一九四四年（昭和一九年）一二月、父は七年間の戦地での生活を終え、生きてふたたび広島の土を踏んだ。その時の喜びを「感無量である」と、彼は短く表現している。だが帰ってきた故郷は、決して安らかな場所ではなかった。翌年の三月、三〇歳の誕生日を自宅で無事迎えることはできたが、その五か月後の八月六日、予期せぬ悲劇が彼を待っているなど知る由もなかった。

帰広した父は、本土決戦に備えて編成された歩兵第一一連隊補充隊付に配属され、同時に配属将校として広島女学院で軍事教練にあたっていた。将校が戦時下の女子校でピアノを弾いていていて、そこで被爆した ―― この奇妙な話は、そのような事情による（この話題はあとでふれる）。

戦後、原爆のため一度は広島を離れたわたしの家族は、一九五六年から再度市内に住むようになった。

たしか一九六〇年ごろのことだと記憶しているが、わが家でいわゆる「海のキャンプ」がはじまり、それはいつのまにか夏の家族行事として定着した。当初、波おだやかで砂白き瀬戸の島でキャンプを行なっていたが、瀬戸内海の汚染が進んできたので、きれいな水を求めて日本海にまで足を延ばした。船外機付きの自慢の伝馬船《てんません》を操る父をみんなは親しみをこめて「船長さん」と呼び、わたしたちは楽しい数日間を浜辺で過ごした。

この恒例行事をわたしは長いあいだ、「釣り好きで、家族愛の強い父からのささやかな家族サービス」と軽く考えていた。しかしわたしが大学へ進学した一九六六年（昭和四一年）、「夏のキャンプはひょっとして、父の被爆体験と関係しているのではないか」と思わせる事件が起きた。日程調整がどうしてもうまくいかず、八月六日をはさんだかたちでキャンプを開けなくなったのである。そのことを知った父は顔をしかめながら、「わしは先に行ってキャンプの準備をしておくけー、みんなは用事が済んでからでええけー、できるだけ早う来んさい」と呟いたのである。

わたしはそれまで八月六日を特別に意識したことはなかったが、父のその言葉を聞いて「彼はひょっとして、八月六日はヒロシマにいたくないのではないか」と疑うようになった。これはわたしの単なる思い込みだったかもしれないが、父が八月六日に広島にいなかったことだけはまぎれなき事実だった。わたしの思い込みを払拭することなく、父は一九七四年、心筋梗塞のため五九年の人生を閉じた。

生存被爆者は、八月六日の朝八時一五分をどのように過ごすのだろうか。

多くの被爆者は居住する地域に建てられた供養塔の前で、静かに手を合わせる。外に出ないで、自宅の仏壇の前で故人を偲ぶ人も少なくない。父のように、ヒロシマを離れてその時を市外で過ごす被爆者はむしろ少ないかもしれない。かたちはそれぞれ異なるが、生存被爆者に共通するのはその日が特別な日であり、静かにその時を迎えたいという強い願いをもっていることだ。

被爆者が目にしたその日の朝の地獄絵は、忘れようと思っても忘れられるものではなかったのだろうか。生存した被爆者は被爆時、誰もが自分のことで精一杯だった。愛する者の死を見届けることもできず、助けを求める声に応えることもできず、幽霊のように地獄を逃げ惑った。生き残った被爆者は心に深い傷を負ったまま、戦後長いあいだ生きざるを得なかった。問題はわたしがこれまで、このあたりまえの事実を全く意識していなかったことだ。

生存被爆者がいちように被爆体験を語らないのは、第三者にとって長いあいだ、理解できない謎だった。被爆者が沈黙を貫くことを「ヒロシマ人の特徴」と結論づけた評論家もいる。だがホスピス医のわたしから見ると、被爆者の沈黙を「ヒロシマ人の特徴」として決めつける見方はあきらかにまちがっている。わたしが確信をもって言えるのは、経験した出来事が悲惨で受け入れがたいほど、遺された者の苦しみは深く長くつづくということだ。被爆者は悲惨で受け入れがたい地獄を垣間見たからこそ、周囲に向かって口をつぐむ。否、語ることができないのだ。

このような考えに立つと、生存被爆者が「被爆体験を語らない」理由をそれ以上詮索しても意味がないだろう。被爆後まもない時期に被爆者にマイクを向けたことがあったが、そのような行為は被爆者をさらに深い苦しみ、悲しみへと追い詰めることになる。重要なことは彼らをそっとしておくことだ。原爆死にかぎらず、ひとの死には一定期間の喪の期間が設けられていて、その間は遺族の心に踏み込む行為をできるだけ避けなければならない。

わたしは三九歳のとき大病を患い、婦人科がん専門医から在宅ホスピス医に転職した。もしわたしがホスピスケアに携わることがなかったなら、永遠に父の苦しみを理解できなかったかもしれない。

病から四〇年近くが過ぎたいま、父はすでに他界し、夏のキャンプも自然消滅していた。

戦地から帰ってきて被爆した陸軍将校

「いつ死んでも恥ずかしくないように、身なりだけはいつもきちんとしておくように」

父は幼いわたしに、よくこう言っていた。彼の言葉の意味をそのときのわたしは理解できなかった。のちになって考えてみると、父はつねに自分の死を意識しながら生きていたとわかる。いまの自分には考えられない生き方だ。

父は一九三八年（昭和一三年）一月、二三歳のときに臨時招集を受けた。関西学院大学の神学部を卒業して一年たたないときで、その後一九四四年一二月に広島へ帰ってくるまでの七年間を父は主に戦地で過ごした。父にかぎらず、当時の若者にとって死は身近な日常的出来事であり、生きることの中心に死が存在していた。

父が亡くなってしばらくして、叔父が父の愛唱讃美歌を教えてくれた。「きよき岸べにやがて着きて……」（讃美歌四八九番）という歌詞ではじまるこの讃美歌は、通常、葬儀のときに歌われる。結婚したばかりの父がこの讃美歌を口ずさみながら戦地へ赴いたことを思うと、わたしの胸は熱くなる。

父は戦争中三度、死んでいてもおかしくない事態に遭遇している。一度目は北支《ほくし》（中国北部）で歩哨に立っていたとき、二度目はニューギニアのツルブで部隊が全滅したとき、そして三度目は被爆したときだ。

入隊して二年後の一九四〇年一月、父は中国黒竜江省牡丹江《ぼたんこう》市の寧安《ねいあん》の部隊へ配属された。戦時下とはいえ状況はさほど緊迫しておらず、街中が戦火に巻き込まれることはなかったが、一歩郊外に出ると小規模の戦闘が頻発しており、多くの戦友が命を落としていた。

ある日のこと、歩哨に立っていた父に部隊長から呼び出しがかかり、別の兵士が父に代わって歩哨をつづけた。ところがその交代直後、代わりを務めた兵士が敵の狙撃を受けて死亡する事件が起きた。もし父がそのまま任務についていれば、倒れていたのはまちがいなく父だった。

北支の任は一年で終了し、一九四一年一〇月、父は独立歩兵第六五旅団の将校として南方に配属された。フィリピンでの上陸作戦では米軍とフィリピン軍の頑強な抵抗に遭遇し、翌年の二月八日の攻撃停止命令が出るまでの短期間に、第六五旅団はその兵力の三分の二を失っている（「第一次バターン半島の戦い」）。翌一九四三年、父はラバウルで正月を無事迎えたが、二月にデング熱、四月にマラリヤ、五月にはアメーバ赤痢と立てつづけに熱帯病に罹患し、長年続いた戦闘の疲れもあり、さすがの頑強な父の肉体も限界に達していた。それでも五月一一日、ニューブリテン島の西部に飛行場を設営する任務を与えられた部隊とともに、父はツルブへ移動した。

ツルブは太平洋戦争の激戦地として知られているが、父が任地に着いたころはときおり飛来する米軍機の機銃掃射を受けるぐらいで、本格的な陸戦ははじまっていなかった。とはいえ、彼の地は日本のはるかかなたの南の島。父は、この地が自分の最後の場所になると覚悟していたようだ。母・静枝の手になる『人生雑感』（自費出版）には、母にあてた手紙が残されており、死を覚悟し死線を彷徨いながら、いまある生をかえりみて苦悩する父の思いが綴られている。「まだ母に対して所謂親孝行らしきものをした事がなく、心配ばかりかけている自分が情けない」と嘆き、「毎日聖書を読んで祈り、修理した蓄音機でメサイアやオルガン曲に耳を傾け、シューベルトの未完成交響曲を涙ながらに聞いた」

兵役に就いていた期間が七年に及び、立てつづけに罹患した病のため戦力にならないと見られたためなのか、詳しい事情は不明だが本土帰還の命令が下り、ラバウルから物資を運んできた最後の駆逐艦に乗って、父はツルブを後にした。

父が去った二か月後の一二月二六日、米軍は大挙してツルブへの攻撃を開始した。第一四一連隊の生存者の証言によると、父がそれまで中隊長を務めていた第五中隊は最前線に布陣して最初に全滅し、生き残ったのは数名だけだったという。戦闘は一月六日に退却命令が出るまでつづき（いわゆる「グロスター岬の戦い」。日本側の呼称は「ツルブの戦い」）、その後部隊は四〇〇キロ離れたラバウルに向けて退却することになった。道中多くの兵が命を落とし、その道のりは白骨街道と呼ばれた。

父は結果的に九死に一生を得たことになるが戦死扱いにされ、自分の戦死告知書を本人が受け取るという珍事が戦後に起きた。南の島で死に損なった父は一九四四年二月六日福岡へ到着し、その年の暮れに広島へ戻った。父は、そのときの気持ちを短く手記に残している。

——生きてふたたび広島の土を踏む。感無量である。

奇跡的に戦地から帰広した父ではあるが、昭和二〇年八月六日の朝、部隊へ出勤する前に広島女学院に立ち寄り、そこで被爆した。被爆したのは爆心地から一・三キロの至近距離だが、屋内にいてしかもピアノを弾いていたのでピアノが支えとなり、外傷を負うこともなく一命をとりとめた。もし彼が女学院へ立ち寄らないで通常の通勤路をたどっていれば、直接被爆死していた可能性はきわめて高い。死に損なったのが戦場ではなく、安全なはずの内地だったというのは皮肉な話だ。

父が命の危機を三度乗り越えたことは、たしかに奇跡だと思う。だが当時の若者は例外なく、好むと好まざるとにかかわらず生と死の境を生き抜いているので、父の場合はたまたま運がよかっただけの話かもしれない。それはさておき平和な時代を生きるわたしは、戦時下における若者が死とどのように向き合っていたかに興味を惹かれた。

まず、死と向き合わざるをえない状況がなぜ生じたか。答えは簡単である。若者は戦時下に置かれており、戦地へ赴かなければならなかったからだ。戦時下にあっては死に大義があり、死ぬことに意味があった。この点は平和な時代を生きる私たちにとって、異常な事態と言わざるをえない。わたしはこのような事態をよしとしないが、それは父や当時の若者を非難するものでは決してない。死は日常的に存在し、当時の若者にとって死は忌むべきことではあっても否定の対象とはならなかった。父の生きざまを見ていると、戦時下の若者は結果的に生きることに真摯に向き合っていた。とすれば、現代の我々はどうだろうか。

一九世紀後半、ニーチェは『悦ばしき智慧』（一八八二年）のなかで狂気の人をして「我々が神を殺したのだ」と言わしめ、「神の死」を高らかに宣言した。神は死んだがその時代、「死」はたしかに生きていた。だから人々は死を前にすると真摯に生きることに向き合い、理想的な死を追い求め、死の哲学を学び、ホスピスケアの普及に力を注いだ。ところがその後一九七〇年代になると、ホスピスケアが緩和ケアというかたちで一般化され、それにともなって「死」の影が薄くなり、やがて死は否定されて昔のごとくタブー視されるようになった。その結果、私たちは「死」が死んだ時代を生きることになり、「死」が存在するがゆえの生の輝きを求めるのは困難となった。

「死」が生き生きと存在する時代は決して望ましくないが、瀕死状態の「死」が死ぬのを待つ時代に生きるのが現代の私たちだとすると、その「生」が理想だとわたしは考えたくない。

死を意識して父が日々過ごしていたのは立派だと思うが、三度目に死に損なった場所が広島女学院だったということと関連し、わたしには気になることがあった。

父が配属将校として学生の軍事教練にあたったことは、時代的な背景を考えるといたしかたないが、問題は配属先が広島女学院という「キリスト教主義の学校」だったことだ。キリスト者で神学部を卒業している父がそこで「どのように立ち振る舞ったか」は、わたしの最大の気がかりだった。

『広島女学院百年史』(一九九一年)には、キリスト教主義を標榜する戦時下の広島女学院が、軍の厳しい監視下に置かれ、迫害を受けたことが詳細に記されている。しかもそのころ教職員が二派に分かれ、建学の精神を忠実に守ろうとした松本卓夫院長たちに反対するグループが憲兵隊へ虚偽の情報を流していた。そのこともあって取り調べは厳しさをきわめた。以前わたしはその当時の記録を読み、途中で思わず本を閉じたことがあった。そのページには、最終的に辞職せざるを得なかった元吉庶務主任の戦後証言が記されていた。

憲兵隊の理不尽で執拗な追及は主に「K憲兵軍曹主任」のもとで行われた。その実名を明かしてもよい。

私はその文章を読んで怯んだ。「ひょっとしてKとは父のことではないか」と危惧したからだ。だが今回の旅を前にして、わたしは勇気を出してその個所を最後まで読み通した。

わたしの危惧は杞憂だった。監視を担当したK軍曹は憲兵隊員で、二部隊(正式には歩兵第十一聯隊補充隊附。「二部隊」と呼ばれていた)に所属する将校の父とはあきらかに別人である。

念のため、元吉氏の孫にあたるわたしの友人に直接確認したところ、彼は父の名前すら知らず、「祖父からそのような話を聞いたことはなかった」と明言した。微妙な立場にあった父は生前、わたしたちに「軍のなかで女学院の側に立った発言をした」と話していたが、その話がどうも真実のようだった。

『広島女学院百年史』には、「その他、専門学校敷地内にいたのは、ゲーンス会館の一部を使用していた陸軍将校、……」と、父のことが小さく記されていた。

初めて参加した平和祈念式

被爆から七八年経過した二〇二三年八月六日、娘・牧子と二人で、わたしは生まれて初めて平和祈念式に参加した。式への参加は、遡上の旅のひとつの大きな目的だった。参列者に手渡されたプログラムの表紙には、「広島市原爆死没者慰霊式並びに平和祈念式」と大きく記されていた。式は「慰霊」であり「祈念」の時であることが明記されており、政治的な意図がないことにわたしは安堵した。記念すべき朝の空は快晴で、強い日差しが照り付けていた。

わたしたちは朝早くホテルを出て、平和大通り（通称一〇〇m道路）を西へ下った。平和大橋を渡ると、すぐ右手に平和記念公園が見えてくる。公園の約三分の二が式場となっており、東を元安川、西を本川、北を元安橋から本川橋に続く通り、南を平和大通りで区切られていた。原爆ドームは会場の北、元安川の左岸に位置し、そこから数十メートル下った所が爆心地になる。原爆ドーム周辺は中高生時代によく来た懐かしの場所だが、爆心地を特別意識したことはなかった。

「シャーン、シャーン、シャーン」——公園の静けさを揺るがす、クマゼミの朝の大合唱。そのにぎやかな合唱を久しぶりに耳にすると、自分がヒロシマにいることをあらためて実感した。

「お父さん。あの辺で原爆は爆発したの?」

そう言いながら、娘は空の一点を指さした。

「そうだね。スカイツリーの高さだ」

七八年前、上空ほぼ六〇〇メートルの地点で一発の原子爆弾が爆発した。瞬時にして市内は破壊され地獄が出現した。

「本当にそんなことがあったのかしら」

朝日に輝き、砂白き目の前の美しい景色は、地獄絵図とは似ても似つかない。わたしたちは頭を起こし、じっと空を見上げつづけた。不思議な感覚が体を包んだ。

「わたしも初めてだけど、お父さんはどうしてこれまで式に参加しなかったの?」

突然の質問にわたしは戸惑い、すぐに返事ができなかった。即答できなかった理由を強いてあげるとすれば、触れてはならない禁断の世界が開かれることを恐れたからかもしれない。

いつもと違う寡黙なわたしに、娘も戸惑っていた。

わたしたちは遺族席に座り、開会のときを待った。遺族の参列が想像していたよりも少ないのは意外だったが、一般席に多数の中高生らしき若者を見つけ、わたしはなんとなくホッとした。


定刻の八時、式は開会した。

わたしが広島を後にして東京生活をはじめた六〇年近く前には、現職の総理大臣が式に参加したことはなかった。多くの人が当時それを問題にしたが、最近は総理大臣の出席と挨拶は定型化している。岸田総理は広島県と縁が深いということもあり以前から親しみを感じていたが、今回の言葉に特別な新鮮味を感じなかった。それよりもわたしの心を打ったのは、広島市長による平和宣言と子供代表による平和の誓いだった。

原爆の爆発時刻の八時一五分、静寂に包まれた会場に平和の鐘が鳴り響いた。一分間の黙祷の後、松井一實広島市長による平和宣言が続いた。わたしはそのスピーチの内容に驚いた。

「核抑止論は破綻している」――市長は明確に、そう指摘した。

しかし、核による威嚇を行う為政者がいるという現実を踏まえるならば、世界中の指導者は、核抑止論は破綻しているということを直視し、私たちを厳しい現実から理想へと導くための具体的な取り組みを早急に始める必要があるのではないでしょうか。

被爆地広島の市長の宣言だからといえばそれまでだが、核抑止論が当然のこととしてまかり通っている昨今のわが国において、ここまで言い切るには相当の勇気と覚悟が必要だ。

平和宣言が終わると鳩がいっせいに大空へ放たれ、子供代表による「平和の誓い」が続いた。「誓い」は男女二人の小学生代表が交互に言葉を続けるのだが、口火を切ったのはなんとわたしの六四年後輩、市立牛田小学校六年生の勝岡英玲奈《えれな》さんだった。彼女は参列者に問いかけた。

「みなさんにとって『平和』とは何ですか」

この素朴な問いに続けて彼女は、地獄を経験して生き残ったみずからの曾祖父のことに触れた。

「なぜ、自分は生き残ったのか」

自分を責め、生きることの苦しみを訴える曾祖父のスピリチュアルな問いかけに対し、彼女は心打つ答えを用意していた。

生き残ってくれてありがとう。命をつないでくれたからこそ、今、私たちは生きています。私たちにもできることがあります。誰もが平和だと思える未来を、広島に生きる私たちがつくっていきます。

誓いの言葉が終わると、万雷の拍手が会場に鳴り響いた。娘のほうをそっと見ると、彼女はハンカチで目をぬぐっていた。

祈念式の最後は、合唱隊と参列者による『ひろしま平和の歌』の合唱だった。「空のはて東に西に（歌詞1番）」「海のはて南に北に（同2番）」、そして「国のはて世界の友に（同3番）」、平和の鐘が鳴り響く。

歌の冒頭部分からわたしの声は震え、その後とめどなく涙がこぼれた。被爆死した祖母と叔母を想い、苦しみと悲しみを背負って戦後を生きた父のことで胸がいっぱいになり、同時に自分自身の七六年の来し方が脳裏をよぎった。

第一回の平和祭は、わたしが生まれた昭和二二年の八月六日に開催された。この『平和の歌』はそのとき初めて歌われ、以後、平和祈念式で歌い継がれてきた。物心ついたころからわたしはこの歌が好きで、ラジオからこの歌が流れてくるといっしょに口ずさんだ思い出がある。

式で歌われることはないが、もうひとつよく知られた原爆の歌がある。「ふるさとの街やかれ」ではじまる『原爆を許すまじ』だ。

この歌は昭和二九年七月に発表され、当時の平和運動に呼応して瞬く間に日本中に広まった。歌の発表の少し前（昭和二九年三月）、ビキニ環礁で米国が行なった水爆実験のため、一六〇キロ東で操業していて死の灰を浴びた第五福竜丸の久保山愛吉無線長が、約七か月後の九月二三日に亡くなっている。当時七歳だったわたしは、この歌にまつわる話を後で知った。

『原爆を許すまじ』も『ひろしま平和の歌』も原爆の否定、平和の希望を歌った名曲だが、式には前向きの希望を強く打ち出した「平和の歌のほうがふさわしい」とわたしは考えている。平和祈念式を一言で評すると「よかった」ということになるが、わたしには気になることがあった。それは式の最中、大音量というわけではないがそれでも式辞を述べる人の声が聞き取りにくくなるような音量で、「米軍は沖縄から出て行け。核兵器反対」という内容のシュプレヒコールが聞こえてきたことだ。市の条例に違反した行為であることを告げる市当局との間にやり取りがあり、しばらくその音が静寂な会場にまで届いた。式の参列者の政治的な思いはそれぞれだが、平和を祈る気持ちに変わりはない。いまもってこのような光景を目にしなければならないと思うと、わたしのこころは悲しくかつ腹立たしかった。

今回わたしが広島に到着したのは、二日前の八月四日の夕刻だった。その時、平和行進の一団が市内に入るのを目撃した。広島を離れる六〇年近く前の熱気あふれる平和行進と違い、参加者は少なく、そこから発せられるエネルギーは小さかった。

「わたしの家は祈りの家と呼ばれる」と書いてある。
それなのに、あなたがたはそれを強盗の巣にしている。

この聖句は『マタイによる福音書』(二一章一三節)からの引用だ。わたしがヒロシマにいた六〇年前の八月六日は、とにかく賑やかだった。平和運動の熱気と騒音、一方では被爆者が求める静寂さ。どちらを取るか、被爆二世のわたしにとって当時は難問だった。だがいまは迷いから解放されている。当然、被爆者の、ヒロシマのこころを優先しなければならない。

平和運動を否定しているわけではないが、平和運動が被爆者の祈りを無視すれば、人々の心は離れていく。

もう一つの平和祈念式

父が広島女学院の校舎内で被爆したことをわたしは小さいころからよく知っていたが、同学院で英語教師をしていて被爆死した叔母の三千子について、勘違いをしていた。そのことがわかったのは遡上の旅に出る少し前のことだった。それまでわたしは、被爆死したとき彼女は父の弟・助《たすく》の「婚約者」だと理解していた。ところがよく調べてみると、二人は原爆投下七か月前の昭和二〇年一月に結婚している。自分が叔母を失った遺族に該当することを知ったわたしは、広島女学院で毎年開かれている平和祈念式に是が非でも出席したいと思うようになった。

広島女学院の祈念式は、爆心地から東北東一・三キロ離れた上幟町《かみのぼりちょう》にある広島女学院中学高等学校の講堂で、毎年八月六日の朝に開かれる。その場所は女学院短大の教師をしていた母に連れられ、物心つくころからクリスマスの折などよく訪れた懐かしの場所だ。また中高時代、ヘンデル『メサイア』の合唱練習のために通った所でもあり、一〇年前には新築まもないその講堂で、中高生を前に「あるがままのいのち」と題して講演を行なった。

平和公園での平和祈念式が終了し、娘とわたしは上幟町の会場へ向かった。入口には三千子の姪にあたる川妻利絵さん親子が待ち受けており、近くにある記念碑の所へわたしたちを案内してくれた。碑には被爆死した生徒と教職員三五二名の名前が刻まれており、そのなかに川越三千子の名が記されていた。わたしが子どものころ、この碑は牛田山《うしたやま》の今石正人君（小学校時代からの親友）の家近くにあり、碑の近くで彼といっしょに遊びまわった懐かしい思い出がある。

女学院で執り行なわれた平和祈念式は礼拝形式をとっており、パイプオルガンの前奏ではじまり、中学茶道部員による献茶、中学礼拝委員による折鶴献納が続き、後奏、献花をもって終了した。式の中で最初に歌ったのは、『創世記』（二八章一〇～二二節）から歌詞をとった讃美歌三二〇番「主よ、みもとに近づかん（Nearer, my God, to Thee）」だった。この祈念礼拝は被爆死した女学院関係の職員や生徒に捧げる祈りの時だが、この讃美歌を歌い始めると母の面影が突如浮かび上がり、悲しみが増幅して涙で声がかすれて歌うどころではなくなった。

一九三三年、ニューヨークにあるコロンビア大学の教育大学院にあたるティーチャーズ・

カレッジ（Teachers College, Columbia University、略称ＴＣ）に母は一年間留学している。聖路加看護専門学校を卒業した直後のことで、ロックフェラー財団の奨学金を得ての留学であり、彼女が二〇歳のときのことだった。留学中のさまざまな出来事をときどき彼女はわたしたち子どもに語ることがあり、そのなかにこの讃美歌にまつわる逸話があった。

彼女が留学していた時期（一九三三〜三四年）は、タイタニック号が氷山にあたって沈没した一九一二年から数えて二〇年ほどしか経っておらず、多くの生存者がニューヨークで暮らしていた。母は生存者たちからタイタニック号沈没時のようすを聞き、その話を母からわたしたちが聞いたということになる。沈みゆく船の甲板に立ち、この讃美歌を歌いながら船と運命をともにした人々に母は涙し、そのゆるぎない信仰に感動したという。しかし、死の恐怖と悲しみがどうしてもこの讃美歌につきまとい、わたしはなかなかこの曲を好きになれなかった。

この歌詞の意味を理解し、自分の愛唱讃美歌のひとつに加えるようになったのは、ずいぶん後のことだ。石を枕にして寝たヤコブが見た夢を歌った歌詞のなかで、わたしがとくに好きなのはその第三番、「うつし世をば　離れて　あまがける日　来たらば　いよよ近く　みもとに行き　主の御顔を　仰ぎ見ん」だ。自分もまもなく天をかける日が来る。そのときのことを想い、喜びと悲しみがいまのわたしを包む。

この日わたしは、二つの平和祈念式に出席した。それぞれに深い感動を覚えたのだが、平和公園で行なわれた祈念式とは違う感動が、女学院の祈念式にはあった。その違いは広島市主催の祈念式が宗教色を排除していたのに対し、女学院で行なわれたのはキリスト教の礼拝形式をとっていたことと関係している。

クリスチャンの家庭に育ったわたしは、新島襄《にいじまじょう》のもとで神学を学んだ曾祖父から数えて四代目のクリスチャンになる。そのこと自体何も誇ることではないが、その生育環境の影響は大きく、女学院での祈念礼拝では最初から精神的な安らぎを感じることができた。祈念式に出席していた女子中高生の幼い魂に平和を求める祈りが、受け継がれていくさまを目の当たりにし、感傷的にならざるをえなかった。

祈念式を終えたその日の午後、広島在住の姉・睦《むつみ》が合流し、三人で行動を共にした。日が西に傾くころ、姉は自宅に戻り、わたしと娘はとうろう流しのため再び平和公園にもどった。元安橋の付近には、すでに多くの人が集まっていた。その多くは、日が沈んでからはじまるとうろう流しの見物客だった。

「お父さん、とうろう流しにはよく来たの？　どんな意味があるのかしら」

「うーん。よく覚えていないけど、とうろう流しを初めて見たのは、呉から広島へ越してきた一九五五年ごろかな。それがどんな意味を持っているかはまるで知らなかった」

「きれいよね。あまり他の所で見たことはないけど、広島だけの催し物なの？」

「とうろう流しは火を灯して、死者を弔う『送り火』のひとつだ。そのはじまりは、終戦間もない広島と言われているようだよ。原爆で亡くなった人の慰霊行事として定着した、広島の夏の風物詩かな」

とうろう流しが行なわれる平和公園の元安川上流の河岸に立って川面を覗いていたとき、突然、被爆当日のこの川のおぞましい光景を想いながらひとつのことに気づいた。

「とうろうの一つひとつは、水を求めて川岸までたどりつき絶命した、死者そのものではないか」

八月六日の夕刻から夜半にかけて行われるとうろう流しには、被爆死した人の魂を弔う意味がある。市内を流れる川は潮の満ち干の影響を受け、満潮のときと干潮のときとではようすがまるで異なる。潮の干満にともない、川の水はゆっくり、ときに早く、上流下流を行き来する。死体はとうろうの火のように、何度も川面を彷徨ったはずだ。その数は一つや二つではない。おびただしい数の死体が、である。

とうろう流しがはじまってからしばらくのあいだ、娘と二人で川面を流れるとうろうの灯を眺めていた。

II

全焼した広島女学院高等女学校（上＝構内、下＝校門）［撮影：岸本吉太］
（1945年10月～ 11月。広島平和記念資料館／平和データベース）

被爆時ピアノを弾いていた父

二十数年前、講演でサイパンへ行ったことがある。すぐ隣の平坦なテニアン島を眺めながら、「ここから原子爆弾リトルボーイを積んだB29エノラ・ゲイが飛び立ったのだな」と思ったのだが、不思議なことに、このときはそれ以上の特別な思いは浮かばなかった。

だが二〇二四年六月、第四回目のヒロシマ遡上に旅立つ前、三時間におよぶ大作映画『オッペンハイマー』を観たとき、梱包された二つの原子爆弾がロスアラモスから運び出される短いシーンに、わたしの体は苛立ちと怒りで震えた。この作品は原子爆弾の開発に焦点を絞っているので、高校時代に学んだ物理学や西洋史の復習という趣が強く、知的には充分満足のいく内容だったが、ヒロシマ遡上の旅の真中にいたわたしは、心穏やかに鑑賞というわけにはいかなかったのである。

映画を観た翌日、わたしは八〇歳代後半の女性患者Bさんの家を訪問した。訪問診療を終え、患者さんとわたしは、彼女の連れ合いを交え、たわいない雑談に興じていた。Bさんの夫は広島出身なので、同郷ということで話が弾み、わたしは「近々広島へ旅する予定だ」と伝えた。すると彼は突然思い出したかのように、七八年前の八月六日のできごとを語りはじめた。

「その日の朝は、ちょうど今日のような晴れ渡った青空だったなあ。わたしは当時九歳、小学校の三年生でした。銀色に輝くB29が一機、西の方へ飛び去っていくのをはっきり目撃しました」

「よく覚えていらっしゃいますね。どこでご覧になったのですか？」

「小学校の校庭です。ぼくの実家のあった三原市は広島市から東へ七〇キロほど離れた所にあります。広島を身近に感じたことはあまりなかったのですが、その日の朝の出来事はよく覚えています。校庭に植えられた芋畑の作業をするため朝早くから学校に駆り出され、仲間といっしょに作業をはじめていました。ちょうどそのとき空襲を告げる半鐘の音が鳴り響き、空を見上げると銀色に輝くB29が一機、高いところを悠々と飛んでいました」

彼が住んでいたところは三原市の中心部から離れており、敵機の襲来を告げる半鐘《はんしょう》が鳴ることはあっても実際に空襲を受けたことがなかった。しかもこの日は敵機が一機だけだったこともあり、緊張感よりも興味のほうが強かった。

「あれがエノラ・ゲイだったのですね。戦争が終わってから初めてそのことを知りました。わたしはその実物を見たのです」

気持ちが高ぶったためか、彼はいつになく饒舌だった。

「飛行機は見えなくなったので私たちは作業を再開したのですが、どのくらいの時間が経ってからのことでしょうか。正確に覚えていませんが、B29の速度で計算すると頭の上を飛行機が飛び去ってから一〇分過ぎた頃のようです。突然広島の方で稲光のような、明るい白い光が輝きました。それだけでしたが、その光のことはよく覚えています。広島では原爆のことをピカドンと言いますよね。でも私には光ったあとの、ドンという音の記憶がありません」

彼が目撃した一機のB29は一九四五年八月六日の午前二時四五分にテニアン島を飛び立ち、原爆を抱えて一路広島に向かった。この爆撃機を目撃した人は少なくない。彼もその一人だが、リトルボーイの愛称をもつ原子爆弾ひとつで広島が壊滅したことは、そのときの彼らに知るすべもなかった。

広島が大規模な空襲にさらされるおそれは強く、昭和二〇年の春から母は兄・研《けん》、長姉・翠《みどり》と生後間もない次姉・睦を連れ、祖母のナミヱとともにヒロシマの北約二〇キロに位置する可部《かべ》の三入《みいり》村の、とある農家に身を寄せていた。母は被爆当時の疎開先のようすをそのときから四〇年経った七五歳のとき、記録に残している。

八月六日の朝八時過ぎ、突然大きな地震の様な地響きがあり、何が起こったのかと固唾をのんでいた。異様な気配を感じたのか、研と翠が二階からおりてきた。家の裏に出てこわごわと広島の方角に目を向けると、きれいなきのこ形のまっかな火の柱が赤く輝いて見えた。何のことなのか皆目見当がつかなかったが、午後になると、トラックに乗せられたけが人が次々と臨時救護所へ運ばれてきたので、何か大変なことが広島で起きたことは確かだった。村の人たちは建物疎開のたてこわしに動員され、学生たちの一部も動員されて之《これ》に加わっていた。町に出て行った人の安否をみな気遣っていた。しかしあの雲の正体が何であるかは、詳しい情報が一切伝わってこなかった。ただ、負傷者たちを乗せたトラックが目の前を次々と通り過ぎていくのを見ていると、私にはもう勝ち目のない戦いだと観念した。それまでどんなに、大本営の発表に一縷の期待を抱いていたことか。竹やりで本土を守ることができなくなり敵が上陸してきたら、「みんなが車座になって、手榴弾で自爆する」と言っていた義母の言葉が現実味を帯びてきた。その義母は「広島の家のことが気になるので」と言ってその前日、広島に出かけている。わたしは大変心配した。

父は爆心地から一・三キロの距離にある、広島女学院の音楽室で被爆した。そのことを父は被爆後まもない時期に母に語っており、母は手記にそのことも記している。

主人は二部隊に出勤する前女学院に立ち寄り、「原爆を受けたのは音楽室でピアノを弾き始めた直後のことだった」と云う。突然周囲が目の眩むような白く明るい光が輝き、耳にする音と人声が全く消えた静寂が夫を包んだという。そのうちプスプスと何かが燃えるような音が聞こえ、真っ赤な火が方々から見えてきた。「俺はここにいるんだ」と叫んでも、誰の声もなかった。「このうえは自力で抜け出すほかはない」と覚悟し天井板を少し動かすと、幸いなことに、そこからかすかな光がさし込んできた。これに力を得て、持っていた軍刀を使って脱出路を確保し、建物から外に出ると、そこには先ほどとまったく異なる世界が広がっていた。家はすべてがぺちゃんこに押しつぶされ、なんと「宇品《うじな》の山々が目の前に迫って見えた」という。外に出ても死の沈黙が支配し、只気づいたのは、バチバチと火の手があちこちに上がっていたことだ。

被爆時の奇跡的な脱出劇について、わたしも父から何回か聞いたことがある。断片的ではあるが、わたしが父から聞いた数少ない被爆時の話だ。その父から聞いた話をもとに被爆時の状況をわたしなりに再構築すると、大筋は母が記した通りだ。

そのとき父は、メンデルスゾーンの作品番号三〇の二『無言歌』をひとり静かに奏でていたという。弾きはじめてまもないとき、突然目のくらむようなまばゆい光が彼をおおった。その直後、これまで彼が経験したことのない、父によると「神々しい無音の時」があたりを支配した。神々しい無音は轟音をともなった凄まじい力に破られ、音楽室は瞬時にして押しつぶされた。彼は壊れた建物の下敷きになったが、幸いアップライトピアノに支えられ、奇跡的に傷を負うことはなかった。

瓦礫の隙間から差しこむ光を頼りに軍刀で脱出路をつくったわけだが、外に出ると軍刀はじゃまになるので途中で放棄、後日その場所に行って探し出し、大切に保管していたという。戦後しばらく経ってからの話だが、父はどこからかその刀を取り出して、わたしたちに見せてくれたことがある。火で焼かれ黒く変色した軍刀のことはわたしもよく覚えている。

建物から脱出した父はその後、通りに立って人々の避難を誘導したようだが、そのときに祖母に偶然出会ったこと以外、父が語ることはなかった。

無音のなかでの神の臨在

父が被爆した場所は爆心地から一・三キロ離れているので、「無音の時」は計算上三、四秒続いたことになる。だがそのときのようすを母に語った父の言葉によると、無音の持続時間は計算と少し異なる。母の記録に「つぶれた建物から脱出して外に出ても、やはり死の沈黙があった」とあるので、父が経験した「無音の時」は、計算した時間よりも長かったことになる。

子ども時代のわたしは倒壊した建物からの脱出劇に興味を惹かれたが、いまはそのころと違って、父が被爆直後に経験した「無音の時」が気にかかる。深読みだとわかってはいるが、「無音の時」に何か特別な意味が隠されているような気がしてならないのだ。

原爆が爆発したときに受けた被爆者の印象は共通するものと、その人がどこにいたかによって異なるものとがある。異なるものはそのとき受けた個人の経験なので一般性がなく、ひとつの結論を導く場合には慎重でなければならない。しかし「その人にとって原爆とは何だったのか」という問題を考えようとすれば、その人のパーソナルな経験を無視することは許されない。それゆえ、父が経験した「無音の時」を考察することは、原爆の意味を考えるうえで大きな意義がある。

わたしはそのような考えに立って「無音の時」、ひいては父にとっての原爆の意味を考えてみた。

中高六年間をわたしはイエズス会が運営するカトリック系の広島学院で過ごした。イエズス会は一五一七年の宗教改革で誕生したプロテスタント教会に対抗して新たに結成されたカトリック修道会で、アンチプロテスタンチズムの旗を創設当初から鮮明に掲げていた。わたしが広島学院に在学した一九六〇年から一九六六年は、カトリック教会の現代化を主要課題とする第二バチカン公会議（一九六二～一九六五年）のただ中にあったが、学内には古いカトリックの教義が厳然として残っていた。ヨーロッパと異なり日本では血で血を洗う抗争の歴史はなかったが、アンチプロテスタンチズムの色彩が濃い環境下で過ごした六年間は、四代目のプロテスタント信仰を受け継いだわたしにとって、決して居心地が良いとはいえなかった。

プロテスタント教会の信仰義認の教義がしみ込んでいるわたしには、行為義認の立場をとるカトリックの教えにもとづく校規すべてが形式的なものに映り、「こんなルールにどんな意味があるのか」とつねに反抗心を燃やしていた。意識的に校則違反を行なって「ささやかな抵抗の意志」を示したわたしは、校則やぶりを直接注意されたことはなかったが、学校ではつねに問題生徒のひとりだったと思っている。

保守的なカトリックの伝統を重視した当時の学院には、他の学校に見られないユニークな校則がいくつかあった。そのひとつが、授業開始前にくり広げられるセレモニーだ。

わたしたち生徒は、時間の節目に鳴るチャイムによって行動が規制されていた。休憩時間終了のチャイムが鳴ると、生徒はそのとき行なっていた動作を即座にストップし、チャイムが鳴り終わるまでその場に直立して不動の姿勢をとらなければならなかった。そこからは私語禁止、沈黙のときがはじまる。チャイムが終了すると、フリーズした姿勢をくずして校舎の入口までダッシュし、上履きに履き替えて教室に入る。大勢の生徒が短時間に移動するのだが、人声はまったくなく静寂のときが流れる。教室に入って自分の席に着くと姿勢を正し、目をつぶって教師の入室を待つ。級長のかけ声に合わせて目を開き、起立して教師に挨拶をする。これが在学当時の、授業開始前のセレモニーだった。

自分の席に着座し、目をつぶって静かに教師の来室を待つ――このことを広島学院では「瞑黙」と呼んでいた。わたしはこの時間が苦手で、高校を卒業する最後の最後まで抵抗感をもっていた。授業前の教室はしんとして静寂そのものだが、なんとなく不自然だ。それに瞑黙にどんな意味があるのか。それでも六年間、わたしは校則にしたがって瞑黙をつづけた。

ヒロシマ遡上の旅で父が経験した「無音の時」の意味を考えているとき、偶然にもわたしは中高時代に経験したこの瞑黙のことを思い出した。なにかヒントが隠されているかもしれない。そう考えたわたしは、さっそく上智大学前理事長の高祖敏明神父に連絡をとって瞑黙の意味を尋ねた。彼はこの問題に詳しいキエサ神父へ話をつなぎ、後日わたしの所へ瞑黙の意味を解説した資料を送ってくれた。

一六世紀にイエズス会が学校教育を展開した折、増えていくコレギウム（中等学校が主だが、大学を持つ場合もある）の質を一定のレベルに保つために『イエズス会の規範となる学習体系 一五九九年版』（ロバート・キエサ訳）を定めました。その中に「授業開始の祈り」として、授業を始める時に教師も生徒も祈りを唱えることが定められています。

一九三七年に創立された日本で最初のイエズス会立の六甲学院も、この学習体系を基本にしています。ただ当時はカトリック信者がほとんどいない状況でしたし、戦時中でキリスト教色を出すことが難しい時代でしたので、祈りに代えて瞑黙を置いたようです。これが、九年後に開設された栄光学園、さらにその九年後に開設された広島学院にも引き継がれ、瞑黙の時間を設けているとのことです。

瞑黙のときとは、祈りのとき。なぜ、それを早く教えてくれなかったのだ！　学院の教育に反抗してきたわたしの砦は、無残に崩れおちた。

黙して祈ることをイエズス会が伝統的に重視していることは、わたしも中高時代からよく知っていた。ただカトリックの祈りは定型化され、祈祷書に記された祈りをくり返すだけできわめて形式的だ。これに対して自由祈祷のかたちをとるプロテスタントの祈りは、祈祷者の心がこもっている。プロテスタント信仰がしみ込んでいるわたしは、祈りの違いをそのように単純化してとらえていた。

だが祈りは、そんな区別を求めているのではない。祈りとは神の呼びかけに応じ、恵みと導きを感謝し、みずからの罪を告白し許しを願う、いわば神との対話のときだ。この点にカトリックもプロテスタントも変わりはない。瞑黙が祈りのときということはそれが神との対話、神聖なときであることを意味し、神の計画に思いを馳せゆだねるということだ。

あらためてわたしは、父が経験した「無音の時」の意味を考えた。

父はあの「無音の時」に、神の臨在を感じていたのではなかろうか。そうだとすると、そのなかで父は何を祈ったのだろうか。祈る余裕が果たして、そのときの父にあっただろうか。父の言葉によると神々しいまでの「無音の時」だったとのこと。まさに神の啓示があった瞬間だ、とわたしは考えた。わたしがキリスト者だからこそ、このように捉えるのかもしれない。飛躍的で独りよがりの深読みに陥る危険性があることはわたしも十分承知している。

あの大惨事は強烈な光を持ってはじまり、「無音の時」がつづき、その後地獄が出現した。その一連のプロセスの中に神の臨在を感じるのは父の信仰に属する話だが、その無音のときに「神の臨在を感じながら父は祈っていた」とわたしは信じたい。

「無音の時」の静寂はぱちぱちという火の音にかき消され、方々で火災が起きていた。

目にした幽霊の行列

「ふつうのひとが、ようけ（たくさんの意）死んどった」

崩れ落ちた建物からの脱出劇や巻き込まれた大竜巻（八九頁参照）について語ることはあっても、自分の目で見た被爆者の姿を父が語ったのはこの一語だけだった。

二〇二三年八月六日の午後、広島女学院の祈念式に出席したわたしと娘は父が被爆した場所と思しきあたりに立ち、わたしは娘にその話をした。

「人の死は、戦場でたくさん見慣れていたのに？」

「お父さんも最初はそう思った。民間の人と違うのはわかるけど、どうして親父はもっと話してくれなかったのかな……」

被爆当時、広島女学院の上級生は軍需工場、第二総軍司令部や建物疎開などに動員されて不在であり、学校に残っていたのは主に幼い女学生だった。学内に残っていた生徒と職員は礼拝が終わった直後に被爆し、多くが建物の下敷きになって即死するか、建物から脱出できず火災のため焼け死んだ。崩壊した建物から脱出した生徒は少なく、父のようにほぼ無傷というのは奇跡としか言いようがない。

一九七三年、広島女学院教職員組合平和教育委員会は『夏雲　広島女学院原爆被災誌』を刊行した（以下、『夏雲』と略称）。被爆後三〇年近く経過していたが、被爆当時の女学生、教職員によって被爆直後のようすが生々しく記されている。わたしの父は被爆直後の状況をほとんど語っていないが彼らと同じ時・同じ場所にいたので、その証言をたどっていけば彼が見た世界をよりリアルに追体験することができる。

重傷を負いながら奇跡的に助かったひとりの学生は、次のような証言を残している。

気味の悪い真っ赤な炎が家々を焼き尽くす中、石に挟まれて身動きできなくなった友人のMさんを助けようとして石を動かそうとした。しかし石はびくともせず、そのうち火が迫ってきて自分自身の身が危うくなってきた。わたしはMさんに別れを告げ、這ってそこから離れていった。遠ざかるわたしの名前をMさんは呼び続けた。その姿と声がいつまでもわたしの心から消えなかった。

建物を脱出した父がその後どのような動きをしたかは、想像するしかない。崩壊した建物から脱出し外に出てあたりを見渡すと、ごく一部の堅固な建物を除き、目に入る建物はすべて押しつぶされていた。火の手が方々から上がり、あちこちからうめき声や助けを求める叫び声が彼の耳にも届いたはずだ。

「壊れた建物から脱出して、この辺りでおじいちゃんは避難する人を助けたのね。でも、どんな状態だったのかしら？」

「ひどい状況だったことに間違いないと思うが、お父さんにもよくわからない」

現実に起こったことを少しでもリアルに感じたかったわたしは、第一回目の遡上の旅を終えて四か月後の一二月一四日、『原爆の図』（丸木位里《いり》・丸木俊《とし》、共作）の第一部から第一四部が常設展示されている埼玉県の原爆の図丸木美術館を訪れた。制作者の丸木位里画伯は、広島県安佐郡出身の日本画家だ。彼が油彩画家である俊夫人とともに広島入りしたのは八月九日なので、被爆直後の生々しい惨状を直接見たわけではないが、その絵からは恐ろしい光景が甦ってくる。『原爆の図』は一九五〇年に第一部～第三部が制作され、その後も描き継がれて全一五部となった（第一五部「ながさき」は一九八二年。長崎原爆資料館所蔵）。すべて屏風《びょうぶ》四曲の形式である。

第一部は「幽霊」。その説明文もまた強烈だ。

それは幽霊の行列。
一瞬にして着物は燃え落ち、
手や顔や胸はふくれ、
紫色の水ぶくれはやがて破れて、
皮膚はぼろのようにたれさがった。
手をなかばあげてそれは幽霊の行列。

広島市中心部で、広島女学院からほど近いところに、もと広島藩主浅野氏の別邸「泉邸《せんてい》」があり（回遊式日本庭園。「縮景園《しゅっけいえん》」と現在は呼ばれている）、広大な敷地は避難場所として指定されていた。泉邸へ向かって逃げてゆく人々に混じった「幽霊」の行列を、父は間違いなく見たはずだ。だが彼の役割は押し寄せる人々の誘導なので、半死状態の被災者がいたとしてもその人だけを助けるわけにはいかない。精一杯を尽くしているのだが、それでも十分ではない。絶望的なもどかしさを父は感じていたに違いない。

第二部は「火」。市内全域が大火災に見舞われ、火の中を追われるように人々の足は泉邸へ向かった。目の前を彷徨う「幽霊」の多くは、即死こそ免れたものの、動けなくなるほどのひどいダメージを受けている。八月初旬の暑さ、熱線や爆風による重度の火傷と怪我、そこに火災が追い打ちをかけるのだから灼熱地獄以外の何物でもない。火に追われ、目の前で倒れて動かなくなる被爆者を父はどのように見ていたのだろうか。地獄のただ中にあっては、人間的な感情をもつ余裕などなかったのかもしれない。

「水」が『原爆の図』第三部。説明文は次のようだ。

足の方を外側にして、頭を中心にして、死体の山がありました。
眼や口や鼻がなるべく見えないように積み重ねてあったのです。
焼き忘れられた山の中から、

まだ目玉を動かして、じっと見ている人がいました。

本当にまだ生きていたのでしょうか。

それともうじが入っていてそれで動いたのでしょうか。

水、水。


重度の火傷を広範囲に負っているので当然脱水症が起き、幽霊のような被災者はいちように喉の強烈な渇きをおぼえ、水を求めて彷徨うことになる。最後の力をふりしぼってやっとたどり着いた泉邸。その中央には大きな池がある。そこの生ぬるい水が、「幽霊」の末期の水となった。


「原爆で即死した人は別だが、生き残った人はみな水を求め、死んでいった」

「原爆詩人が詠んだ詩にあるわね。『水をください』でしょう」

「うん。峠三吉は『にんげんをかえせ』(『原爆詩集』一九五二年)のなかで、水を求め、水を口にして喜ぶ少女のことに触れているし、原民喜も『水ヲ下サイ』(「原爆小景」『詩学』一九五〇年七月号)というタイトルで詩を書いている。この二人の詩人は被爆直後の惨状を生々しく詠んでいるが、『水をください』と水を切望する被爆者の声がいちばん心に残っているんだろうね」

「地獄に連れていかれたのではなく、そこが地獄になったのね」

何を感じたのかわからないが、娘が呟いた。その言葉を耳にしてわたしはハッとした。アウシュヴィッツ強制収容所で亡くなったユダヤ人のことが頭をよぎったのだ。

「一般の人が一度に大虐殺されたということでは、ユダヤ人がガス室で殺されたのと同じだが、原爆の場合とようすが違うな。被爆して亡くなった方の死に方をみれば、原爆がいかに残酷な兵器だったのかよくわかる。動けなくして、しかも時間をかけて苦しませながら人間を焼き殺すのだから」

「数だけじゃないのよね。死に方の非人間性という点から見ると、原爆のほうがはるかに残酷だわ」

「足のある幽霊の行列か。水を求めて泉邸に向かう被爆者を誘導しながら、親父はどんな気持ちだったんだろうな……」

この場所に地獄が出現し、そのただ中に若き日の父がいた。その場所に立って初めて感じた不思議な気持ちだった。

正視できない死体

ひとを「もの」としてみる訓練は、六年間の医学教育で医学生に徹底される。その訓練は医師になってからもつづき、患者の死を感情抜きに冷静にとらえることができるようになってはじめて、医師は一人前になったと認められる。医学生が最初に受ける授業のひとつに解剖実習が設けられており、これは、ひとを「もの」としてみる医師になるための最初の関門といえる。

系統解剖と呼ばれるこの実習では、献体された遺体をていねいに切り刻んでいき、実習が終了する一年後には、人間の体が「もの」であることを当然のこととして医学生は受け入れるようになる。とはいえ、医学生といってもそれまではごくふつうの人間だ。実習中に気分が悪くなり、外に出てうずくまる者もいる。わたしはそのような姿を人に見せたくなかったので、実習がはじまる前に死体に慣れておこうと一計を案じた。

医学部本館三階にある標本室には夏目漱石や横山大観などの脳を含めて、三四〇〇点の人体標本が展示してある。そのことを知ったわたしは「そこに行けば、死体に慣れるという目的がかなうはずだ」と考え、解剖実習がはじまる前の一九六九年（昭和四四年）三月、重い鉄の扉を開いて標本室のなかに入っていった。

すぐ右手に置かれたケースには、刺青のトルソ（頭、手足のない人体像）が収めてあった。衝撃的な出会いで出鼻をくじかれたわたしは思わず足を止め、中に入るのをためらった。だが勇気を奮い立たせ、わたしは歩を進めた。「グロテスクな標本」と言うと遺体に失礼だが、目を覆いたくなるような人体標本のおかげで、標本室を退室するときには「死体に慣れる」という目的を十二分にかなえることができた。おかげで実習中は取り乱すこともなく、解剖実習を無事終えた。

医師になって二年目の一九七五年、無理がたたって急性腎炎を発症した。産婦人科の激務を続けるのは身体的に無理だと判断したわたしは、ひとまず病理学教室に籍を移すことにした。病理学教室では、二年間で約八〇例の解剖を行なった。系統解剖とは異なり、病理解剖では死後まもない遺体を取り扱う。まだ温かみを残す遺体にメスを入れると、血管から大量の血液が流れ出し、取り出す臓器はみずみずしい。

病理解剖には多くの場合、患者の主治医が立ち会う。わたしも臨床医の立場で病理解剖に立ち会った経験があるので、その際の主治医の気持ちがよくわかる。患者との人間的な交流は失せ、遺体となった患者を徹底して「もの」として見る。

医師としてのその感覚に変化が生じたのは、わたしが長きにわたってホスピス医として患者の死と向き合ってきたことが関係している。ホスピス医は遺体といえども「ひと」として見る習慣が身についている。そのように自負しているが、それでも多くの人の死に立ち会い、数多くの死体に触れてきた医師であることには変わりない。少々の気味悪い死体に触れても冷静さを保つことができるのだが、被爆者の写真は別ものだった。『原爆写真 ノーモア ヒロシマ・ナガサキ』(日本図書センター、二〇〇五年)などに収録されている被爆者の写真は、どれもが正視にたえない。

丸木画伯は『原爆の図』を描いているとき、モデルを前にして怒りがこみ上げてきて、思わず筆をおいたという。地獄の亡者を描くことはできても、一人ひとりの幽霊に感情を移入すると筆が進まなくなる。ホスピス医を三〇年以上経験してきたわたしには、丸木画伯の気持ちがよくわかる。

第三回の遡上の旅の二日目にあたる二〇二四年四月一九日、わたしは父の実家と同じ町内にある浄土真宗の古刹の超覚寺で、高田勇さんという九〇歳を超える男性に会った。当時中学生だった高田さんは被爆翌日の八月七日の夕刻、仲間と隊列を組んで京橋通りを西に向かい、焼けて跡形もない川越旅館の所の交差点で道を左に折れ南へ下っていった。

「凄絶な景色だったのでは？　被爆直後でしょう」

わたしの問いに、高田さんは顔を曇らせた。

「できるだけ周りを見ないようにしました。ただ、教会の門前にあった大きなコンクリートの水槽に浮かんでいた死体だけは……」

こう言って彼は言葉を詰まらせた。彼がいう教会とは、父の実家である川越旅館のすぐ近くにあった組合派広島教会のことで、そこにあった水槽のことは当時五歳だったわたしの兄もよく覚えていた。

心を奮い立たせるかのように、高田さんは言葉をつづけた。

「五、六人の若い人の死体がそこに浮いていました。市内を通り抜けながら目にした死体のなかでもっとも凄惨でした」

高田さんは言葉を詰まらせた。わたしは声を潜めて彼に尋ねた。

「どんなようすでしたか?」

「水の中に死体があったせいか、まるで白い蠟でできた人形のようでした。ただ顔を横に向け、目が飛び出し、鼻と口に血糊がついていました」

高田さんのように、被爆直後の凄惨なようすを被爆者が直接詳しく語ることは稀だ。それ以上のことを彼は語らなかった。

生存被爆者の口は重く、長いあいだ被爆時のようすを語ることはなかった。だが四六年間の沈黙を破って、当時のことを幼かった娘に語った母親がいる。娘はそれを母の語るそのままの言葉で正確に書き残し、『いまなお原爆と向き合って』(大竹幾久子、本の泉社、二〇一五年)を上梓している。同書では句読点が省かれ(一字空白で代替している)、言葉の切れ目ごとに改行しているが、ここでは読みやすさを考慮して句読点を付し、改行無しとした。

でも、この左腕が一番いけんかった。左腕の肘の下が十センチぐらいもばっくりザクロのように割れて、白い骨が見えとった。そうこうしとるうちにほうぼうが焼けだしたけん、こりゃ危ない思うてね。小《こ》まい［小さな］五つのあんたと二つの紘二を、八つになったばっかりの勝一と私の二人ではさんで、すぐに逃げることにした。ほしたらそん時、隣の和子伯母さんが崩れた家の下敷きになって、手だけ出して「助けて下さい」言うちゃったけん、引っ張り出してあげたんよ。隣は二階建てで、立派な造りの家じゃったけん、ええ木が使うてあって、太い柱が動きゃあせなんだのに、よう、この怪我してプラプラになった腕で出してあげられたもんじゃねえ。

［中略］

どの人もこの人も見たこともない形相で、まあこれは人間じゃろうか［と］思うたね。地獄絵いうのがあるが、あれよりもひどかった。その河原に家の向かいに住んどっちゃった［住んでいた］お父ちゃんのお兄さんの、廣一伯父さんも逃げて来とっちゃったん。まあ大火傷をして体の皮がみな剥けてね、胸が真っ赤で体中に赤チンを塗ったようになっとっちゃった。頭も焼けて髪の毛が一本も無《の》うなって、顔の皮膚が下にざっとずりおちとった。目もあけられんようになって、腫れあがった上唇が赤剥げになった鼻にくっついとった。幽霊のように手を前に下げて、その指の先にずり落ちた皮膚が薄い皮の手袋みたいになってぶらさがっとった。「お義兄さんですか」言うたらこっくりしちゃったが、すぐにぐにゃっと倒れて死んじゃったよ。

被爆後四六年経てからの証言であるが、その記憶がみずみずしいことに驚かされる。それまで語ることはなかったが、胸にしまった記憶はそれだけ強烈だったのだろう。川越旅館の近くで目撃した、地獄の亡者を語る高田さんの口も重かった。市内全体が地獄と化し、そこを幽霊が彷徨っていた。だが、それは幽霊ではない。幽霊のなりをした人なのだ。誰が、幽霊と化した「ひと」に向き合うことができようか。

被爆直後の二人の牧師

「裸足で走って逃げてきた母に、偶然出会った」

今回の遡上の旅に出るまで、父の言葉から、わたしは避難している人たちはみな元気だったと、勝手に思い込んでいた。まさか父が祖母ナミヱに出会ったのが地獄のただ中だったことなど、それまで想像したことすらなかった。

子どものころ、わたしは何気なくそのときのようすについて父に質問したことが一度だけある。「お父ちゃん、逃げてきた人は怪我をしとったん？　多かったんじゃろうね」。父はわたしから目を背け、黙って部屋を出ていった。当時のわたしには父の気持ちなどまるでわからず、ただ父の無言が不満だった。

被爆直後、被災地を走りまわり、英雄的な働きをした二人のクリスチャンがいた。一人は広島女学院の松本卓夫院長、もう一人は流川《ながれかわ》教会の谷本清牧師だ。二人とも関西学院の神学部を卒業しており、父にとっては同窓の先輩にあたる。二人に共通するのは確固たるキリスト教信仰を持っていることと、そのときの献身的な働きが記録に残っていることだ。父も同じキリスト教信仰を持ち、ほぼ同じ場所で被爆しているが、そのときのようすを詳しく語ったことはなく、その記録も残っていない。自由な立場の民間人と軍務についていた軍人とを比較しても意味がないことは重々承知しているつもりだが、わたしは父のそのときの動きがずっと気になっていた。

二人の牧師は戦後早い段階で訪米し、みずからの被爆体験を米国民に語るとともに、平和の大切さを訴えている。だが父は戦後から死亡する五九歳のときまでの三〇年間、豪州軍、英軍、そして米軍の通訳として働き、彼らと多くの接点を持っていたが、わたしの知るかぎり、彼らにみずからの被爆体験を語ったことはなかった。

聖書学者として有名な松本院長は、一九五三年の広島女学院新聞に「真の復興」と題した一文を寄せている。彼はそのなかで原爆のため亡くなった教職員や生徒のことに触れているが、生々しい現場を語ることはなかった。しかしその二〇年後に発行された『広島女学院報』（第五四号、一九七三年一〇月）には、みずからの被爆体験、女学院の復興、平和促進運動のことなどを詳しく記している。

松本院長の愛娘裕子さんは、なんと被爆四年後の一九四九年という早い段階で、被爆時から行動をともにした母親が泉邸の裏土手で心臓発作を起こし、川に押し出されて亡くなった経緯を『My Mother Died in Hiroshima』(Naylor Co. 一九四九年)のなかで詳細に報告している。

裕子さんの記録によると、院長室で被爆して一時間近く気を失っていた松本院長は意識を取り戻すと院長館に駆け付け、被爆した妻子を避難場所の泉邸入口までエスコートした。この段階では泉邸に火災は及んでおらず、妻子の無事を確認した松本院長はただちに学内へ引き返し、被災した生徒の救出にあたった。彼がその作業にあたっているあいだ、泉邸に避難していた松本さん親子は邸を出て、近くの白島《はくしま》線沿いに北西約一キロにある牛田《うした》(爆心地からは二・五キロ)まで脱出しようとした。しかし火災が行く手をさえぎり、そちらへ逃げることは不可能だった。やむなく邸内にもどった親子は、京橋川沿いの土手に避難した。わたしの父が祖母を連れて逃げていった、まさにその場所だ。ところが夫人はそこで持病の心臓発作を起こし、次々に集まる避難民に押されて京橋川へ転落して死亡した。倒壊した建物の下敷きになった女学生たちをなんとかして助け出そうとする松本院長の姿と夫人の悲惨な死とが重なり、わたしの心は穏やかでなかった。

松本院長はその後、市の内外に設けられた避難所を駆け巡り、女学院の生徒を見つけると励ましの声をかけ、枕元で祈りを捧げた。夕暮れになり、ひとり山道を登って塒《ねぐら》に帰っていく彼の後ろ姿は「白く輝いていた」という証言が残されている（『広島女学院百年史』）。彼の働きには人知を超えた神の導きと守りがあった、と信じざるをえない。わたしが子どものころ見ていた、穏やかでいつも笑顔を絶やすことのなかった松本院長からは想像しがたい、辛い過去の姿だった。

広島女学院原爆被災誌『夏雲』（一九七三年。六三頁参照）には、松本院長が日赤病院を訪問したときの逸話が残っている。彼自身が励まされ、慰められる話だったという。

自らも重傷を負った若い女教師が数名の生徒を引率して、日赤病院へやって来た。病室はすでに被爆者で一杯になっていたがなんとかスペースを作ってもらい、そこに四、五人横になった。彼女は泣きむせぶ生徒たちをなだめながら、礼拝で歌いなれた讃美歌を次々と一緒に歌っていった。歌うほどにひとり、二人と息絶えていき、ついには合唱がぱったり絶えてしまった。そのさまを終始見守っていた他の被爆者たちが、「ああ、さすがに女学院の生徒さんたちは違いますね。美しい最期でした」と口々に賞賛した。

まもなく死を迎える女子生徒たちは、痛みと不安とでどんなに苦しく辛かったことだろうか。だが幸いなことに、彼女たちは孤独でなかった。若き女教師がともにいたからだ。彼女は生徒たちをなだめ、絶望が支配する地獄の闇のなかで、生徒とともに讃美歌を歌いながら希望へ向かって歩んでいった。そして生徒のケアが終わると、彼女は女子生徒たちと運命をともにした。

流川教会の谷本清牧師は「ノーモアヒロシマズ（No more Hiroshimas）」運動の提唱者として、戦後の平和運動で輝かしい足跡を残している。彼はJ・ハーシーが一九四六年に発表したルポルタージュ『Hiroshima』の中で証言した六名の被爆者のひとりで、わたしは松本牧師と同様の「勇気」を谷本牧師に感じている。彼が詳述している被爆直後の状況は、父が目にした光景とあまり変わらないだろう。

谷本牧師が被爆したのは、爆心地から西へ三・二キロ離れた己斐《こい》の知人宅。空襲に備えて、教会にあった重要なものを安全な場所に運び出す作業に携わっていたときだった。幸いこれといった外傷は無く、教会と家族のことが気になった彼は、市内から脱出しようとする人々の流れとは逆に、ひとり燃え盛る市の中心部へ入って行った。途中で大きな神社近く（饒津《にぎつ》神社と思われる）で偶然、牛田方面へ逃げていく妻と娘に出会ったが、家族の無事を確認した彼は二人と別れ、さらに市内へ向けて歩を進めた。

めざしたのは女学院の一五〇メートル南に位置する流川教会だったが、そこも業火のただ中にあったので、彼は目的場所を泉邸に変え、逃げ場を失っていた人々の救出にあたることにした。たまたま岸に係留されていた伝馬船《てんません》を見つけ、それを拝借して被災者を少しでも安全なところに運ぶため、何度も川を行き来したという。

プロテスタント教会の牧師だけではなく、被爆当時広島にいたカトリックの神父たちも非常に重要な働きを行なっている。わたしが興味を持った人物は、被爆当時、爆心地北四・五キロに位置する長束《ながつか》のイエズス会修錬院の院長をしていたアルペ神父だ。修錬院とはカトリック教会の修道会員の養成機関をいう。彼はイエズス会へ入会する前、マドリード大学医学部に籍を置いたことがあり、その基礎があったため被爆者の医療的救済においてすばらしい働きをなすことができた。

アルペ神父は八月六日朝、原爆が投下されたときは爆心地から距離がある長束にいたため、近距離で被爆することは免れた。そしてすぐ、その日の午後、市内中心部にある幟町カトリック教会で被爆した四人のドイツ人神父を救出するため、仲間の神父とともに市内へはいっていった。そのときのようすなどを彼は被爆後数か月以内という、たいへん早い時期に記録に残しており（『Hiroshima』、Catholic Digest 一九四六年四月）、その記録のおかげでわたしは父がいた場所のようすをつまびらかに知ることができた。医師の立場でわたしが感銘を受けたのは、被爆者を収容する病院と化した長束修錬院で、アルペ神父が負傷者の応急処置ですばらしい活躍をしたことだ。火傷やその他の原因でできた創傷を開放した状態で清潔に保ち、肉芽の盛り上がりを待つ。彼が行なった治療はそれだけだったが、たいへん理にかなっており、結果的に修錬院に身を寄せた被災者のうちそこで命を落としたのは数名だったという。医薬品のない状況で、被災者の傷の手当てを援助修道女会のシスターとともに行ない、多くの重症者の命を救った彼は医師の資格こそもっていなかったが医師の鏡といってもよい。

後日、第二八代イエズス会総長となったアルペ神父は、一九七三年七月三一日、スペインのバレンシアでイエズス会学校の卒業生を前に歴史的な講演を行なっている。そのタイトルが「Men For Others」で、この言葉はその後、全世界のイエズス会学校のモットーとなった。ジェンダーの問題で誤解を生ずるというおそれから、わが国のイエズス会では「For Others, With Others」という標語を二〇一二年から用いている。中高時代、古いカトリック教義にどうしてもなじめなかったわたしは、第二バチカン公会議以降のカトリックの歴史的な変化を歓迎しながら見てきた。しかし、その変化のただ中に、イエズス会の、被爆当時広島で適切な医療処置によって多くの被爆者の命を救ったアルペ神父の姿があったことを最近まで知らなかった。

このような歴史に残る働きをしたキリスト者を前にすると、父の影は薄いようにみえる。彼はそのとき何をしていたのか、ほとんど何もできなかったのではないだろうか。わたしはこれまで父に対して、かくのごとき失礼な疑念を抱いていた。しかし、松本院長、谷本牧師やアルペ神父とは立場が違うし、同様の救出話が他にもたくさん残っていることを知ると、わたしは父があの場で最善を尽くしていたはずだと思えるようになった。

さらに気づいたことは、地獄を彷徨う被災者に松本院長たちは個人レベルで関わったのに対し、父は少なくとも自分の身が危なくなって泉邸へ避難するまで、公人の立場で被災者に関わった。その対象は、マスとしての被爆者だった。

被災者をマスとして捉えると、同じ悲劇であっても、聞く人々に与える印象は薄くなりがちだ。対照的に、松本院長のように一人ひとりの生徒に目を向けると、原爆の悲劇性は増幅される。原爆の非人間性を訴えようとすれば、個人が経験した悲劇を語ることのほうが効果的だ、ということにわたしは気づいた。だが、被爆後まもない時期に被爆者が口を開くことは稀であり、生存被爆者が高齢化しているいま、それを求めることは困難だ。

原爆の非人間性を人々に知ってもらうためには、個人的な経験として被爆者が早い時期に語った貴重な証言を語り継いでいくことが大切だ。

地獄からの脱出

校舎内で被爆し奇跡的に死をまぬがれた父は、広島女学院のキャンパスを飛び出し、通りで出会った部下とともに、猛火に追われて逃げ惑う人々を泉邸の方へ誘導しつづけた。そのとき父は偶然、見知らぬ赤ちゃんを背負って素足で走って逃げる祖母（父にとっては母）ナミヱを見つけた。だが、持ち場を離れることのできない彼は祖母と赤ちゃんを部下に託し、みずからはその場に残って誘導をつづけた。しかし火勢は増すばかりで、「もはやこれまで」と断念し、泉邸（縮景園）へ避難した。

泉邸は一六二〇年、浅野長晟《ながあきら》の別邸として建てられた大名庭園で、爆心地から一・三五キロ北東に位置する。すでに述べたように、空襲時の地域避難先に指定されていたため、被爆直後の園内は多数の被災者であふれかえり、多くの人がここで絶命した。わたしは姉・睦とともに何度かそこへ足を運び、二〇二四年四月、第三回目の遡上の旅では泉邸の歴史に詳しい公園ガイドボランティアの岡部喜久雄さんが同行し、案内してくれた。

泉邸のすぐ南西にはかつて県立図書館があり、そこは中高生時代のわたしがよく通った懐かしの場所である。そこには忘れがたい苦いエピソードがある。二歳年下の弟の哲は中学入学の祝いにと両親に自転車を買ってもらい、それをとても大切にしていた。その新車をわたしは無断拝借し、鍵をかけないで駐輪場に置いたまま館内で本を読んでいた。いまから六〇年前の、ものがなかった時代のこと。彼の大切な自転車は当然のごとく盗難にあった。おとなしい弟は素知らぬふりをするわたしを責めることなく、図書館の周辺を日々探しまわった。不憫に思った母がことのいきさつを中国新聞に投書し、学校でもこの事件がちょっとした話題になった。さいわい弟の努力は実を結び、自転車はめでたく彼のもとへもどってきた。

忘れがたい強烈な思い出の場所だが、この事件の二〇年近く前、まさにそのあたりで父が生死を彷徨っていたことなど、当時は想像すらしたことがなかった。わたしだけがそのことを知らないのではないかと思い、同行の二人に質問した。

「お姉ちゃん、女学院に通っていたころ、ここでようけ人が死んだの、知ってた?」

「わたしが中学生になったのは昭和三二年。六年間、女学院に通ったけど、聞いたことなかった」

「岡部さんは近くに住んでいたのですよね」

「はい。小学校へ行く前だから、昭和でいうと二五年を過ぎたころからかな」

「どんなようすでしたか？」

「昭和二六年に泉邸は再開園したのですが、もちろんいまのように整備されていませんでした。園内でよく遊びました。ただ、夜は〈火の玉が出る〉と言って、気味悪がっていました」

「火の玉？」

「亡くなった人の骨が残っていたのでしょうね。骨の燐が燃えたのだと思います」

「たくさんの人が亡くなったのですね」

「確認できただけで四〇〇〇人以上の人がここで命を落としました。とくに池のまわりには顔をつけて水を飲もうとした人であふれ、一五〇〇を超える人が亡くなったといわれています」


その数を聞いて、わたしは言葉を失った。池の周囲が七二四メートルなので、単純に計算すると一メートルあたり二人以上の人が亡くなったことになる。本当に父はそんな場所にいたのだろうか。

泉邸は、北東の京橋川河畔の裏土手で行き止まりになる。炎に追い詰められて行き場を失った人々はそこに集まってきた。京橋川は常盤橋を過ぎるあたりから急に深さを増し、下流にあたる泉邸の裏では深い淵を作っている。火に追われた多くの被災者は川を前に逃げ場を失い、後から来る人に押されて川へ落ち、溺死する人も少なくなかった。

その場所で赤ちゃんを背負った祖母に父はふたたびめぐり合った。大勢の人が集まった土手の上で、父は祖母と赤ちゃんを抱きかかえ、熱風から守っていた。「もはやこれまで」と覚悟したまさにそのとき、突如として三人は大竜巻に巻き込まれ、空高く舞いあがった。吹き飛ばされた父と祖母は、さいわいにも対岸の大須賀町寄りの京橋川のなかほどに無事着水した。着水してほどなく一時行方不明になっていた赤ちゃんを見つけ、三人は水と火と熱風と戦いながら、四〇分ほど川の水に浸かって、難を逃れた。奇跡というほかはない。

断片的に語る父の言葉をつなぎ合わせると、泉邸からの脱出劇はこのような話になる。だがわたしは長いあいだ、父の語る奇跡物語、とくに竜巻に巻き込まれて助かったという話をそのまま信じることができなかった。

ことの真偽を確かめようと思いたったのは、柳田邦男先生からかかってきた一本の電話がきっかけである。この電話がヒロシマ遡上の旅を決意しつつあったわたしを励まし、背中を押してくれたことは、すでに「まえがき」で書いた。

「川越さんはいま何をやっているの？　私はいま作家としての終活をやっています」

「わたしも自分自身の人生の総まとめとして、〈ヒロシマ遡上の旅〉に旅立つことにしました。被爆二世として原爆に向き合うことが最後の仕事だと思ってのことです」

「それはいいことだ。ぜひやってください。わたしも広島には特別な思い入れがあり、もし人が〈棺のなかにいちばん大切な本を一冊入れなさい〉と言えば、迷うことなく『空白の天気図』を入れます」

柳田先生がもっとも大切にしている『空白の天気図』（新潮社、一九七五年）は、原爆と枕崎台風（一九四五年九月上陸の大型台風。広島県では死者行方不明者が二〇〇〇人を超えた）という二つの大災害を複合災害の視点で取り上げた画期的なドキュメンタリーだ。後日送られてきたその本を手にしたわたしは、緻密な取材に裏打ちされた預言者的な文章に感動しながら、江波山《えばやま》気象台の職員が専門的な目で被爆直後の市内を観測していたことを知った。被爆から数時間して泉邸のあたりで大火災が発生し、竜巻をともなった大規模な上昇気流が発生したのを彼らは目撃している。そのことを知ったわたしは、「江波山の気象台から見える泉邸を自分の目で確かめたい」という、強い衝動にかられた。

柳田先生から電話があった二か月後の二〇二三年八月四日、遡上の旅の初日に、わたしは夕刻、旧気象台があった広島市の南に位置する小高い江波山の山頂に立ち、そこから北側に広がる市内を見渡した。いまは高いビルが立ち並び泉邸を直接見ることはできないが、被爆直後はそこから市内をくまなく観察できたことは容易に想像できた。

市内全体が大火災に見舞われ、とりわけ広島駅からその西に位置する泉邸あたりの火勢が特に強く、ものすごい上昇気流が発生していた。

職員が目撃した恐ろしい光景だった。泉邸付近で大竜巻が発生したというのは、どうやら「実際にあったことのようだ」と納得し、わたしは帰路についた。

それから五か月経った二〇二四年一月のこと、わたしは第二回の遡上の旅でヒロシマを訪れた。明日は北杜へ帰るという日の夜、一人わたしはホテルを出て栄橋を渡り、京橋川左岸を上流に向かってゆっくり歩いていった。父たちがたどったはずの避難路だ。「竜巻があったのは事実としても、本当に人が飛ばされるほど巨大なものだったのかな」と思いながら、対岸の泉邸の上空を眺めていた。季節は冬の真っ只中だが空気は少し冷たい程度で、寒いというよりもむしろ心地よい。満潮を迎えた京橋川の流れは止まり、細かく波立つ水面に対岸から光が一筋、二筋こちらに届いていた。

そのときからさらに四か月後の二〇二四年五月、土の中に埋めたお皿を寄贈したことが縁で親しくなった原爆資料館の佐藤規代美学術委員に、わたしは大竜巻のことをメールで質問した。すると彼女は即座に、戦後二六年経った昭和四六年九月に発行された『広島原爆戦災誌』のなかで、生存被爆者がこの竜巻について語っていることをわたしに教えてくれた。証言によると、邸内の火災がますます激しさを増した午後二時過ぎに竜巻が発生し、板切れやトタン板が一〇〇メートルの高さまで巻き上げられ、対岸の河原に落下したとのことだった。父がぽつりぽつりと語っていた話は真実だった。こうしてわたしの長年の疑念は払拭され、かけがえのない大切な三つのいのちが大竜巻によって救われたことが判明した。

行く手を阻む川を竜巻に乗って無事渡河した父だが、四〇分間水に浸かっていた京橋川で彼は何を見、何を感じていたのだろうか。

海からかなり離れているが、泉邸裏の川の流れは潮の干満の影響を強く受ける。引き潮のときには川下に向かって早く、上げ潮のときには上流に向かってゆっくりと川の水は行き来する。生存被爆者の証言によると、いつもきれいな上流の太田川の流れがその日は汚れて茶色く濁り、多くの死体がその流れにのって、ときにゆっくり、ときに早く、上下していた。父と祖母はその浮遊死体に囲まれて川に浸かっていたことになるが、父は自分たちのこと以外いっさい語らなかった。

主は夜もすがら激しい東風を持って海を押し返されたので、
海は乾いた地に変わり、水は分かれた。(『出エジプト記』一四章二一節)

旧約聖書の『出エジプト記』によると、イスラエルの民がエジプトを脱出したとき、神はモーセが引き連れたユダヤ人を追っ手から救うため、海を割って逃げ道を用意した。父のヒロシマ脱出物語を思うとき、わたしはどうしてもこのモーセの出エジプト物語と父のヒロシマ脱出劇を重ねてしまう。女学院で被爆した父は泉邸を経由し、「出ヒロシマ」の旅に出立したのだ。イスラエルの民を選んで海を割いた神は、父を選んで竜巻を用意したのだろうか。

神の御心ははかり知れない。

子どものころから繰り返し聞いたこの奇跡物語のなかに、神の与える試練と救いの恵みが秘められている。六月に予定している第四回の遡上の旅を前にして、わたしはこのことに初めて気がついた。

絶望の中の希望

二日間にわたるヒロシマから可部《かべ》までのヒロシマ脱出の旅についても、父が語ることは少なかった。川越旅館がスタート地点、広島女学院で被爆し、泉邸を経てゴールは可部の三入《みいり》村だった。だが父たちが具体的にどのような経路をたどったかは、長いあいだの謎だった。ところが、謎は意外なところからあきらかになった。原爆資料館へ寄贈した被爆軍刀の説明文に、父がそのルートを詳しく記していたのだ。

資料館のデータベースに被爆軍刀が登録されたのは一九七八年三月三〇日だが、父はその三年半前の一九七四年一〇月に他界している。したがってここに書かれた説明文は、彼が公に原爆を語った最初で最後の言葉ということになる。わたしがそのことを知ったのは二〇二三年のこと。父が被爆軍刀を寄贈したときから数えて五〇年近くが経過していた。

説明文を参考にして、父がたどった「出ヒロシマ」ルートを自分なりに再構築してみた。

赤ちゃんを背負った祖母と父が大竜巻に巻き込まれて京橋川に着水し、対岸の大須賀町に渡河したのは、八月六日の午後二時から三時のあいだと思われる。その後川沿いに太田川の左岸を上流に向かって北上し、牛田を経たあたりで野宿して夜を明かし、翌朝早く戸坂《へさか》に着いた。野宿した場所は潮の満ち干の影響がなく、砂地が確保できる条件を満たす場所となるので、工兵橋上流で川幅が広くなったあたりと推測できる。

翌八月七日の朝、戸坂付近に到着した三人は渡し船に乗って太田川を渡河し、東原を経て可部街道を可部に向かって一路北上した。その日の夕刻、父たちは母が待つ三入にやっとの思いでたどり着いた。

「出ヒロシマ」の旅を父は直接わたしたちに語ることがなかったので、そのときのようすは想像するしかない。わたしは原民喜が戦後まもないときに書いた短編小説『夏の花』を参考に、そのときのようすを追体験することにした。原は自分の被爆体験を下敷きにして作品を仕上げており、しかも彼が被爆した場所は爆心地から見て父の被爆地と同じ方角にあり、距離も一〇〇メートル程度しか離れていない。

原はトイレで用を足しているときに、父はピアノを弾いているときに被爆し、二人とも倒れた建物から外に出て、景色のあまりの変わりように驚いている。その後発生した火災に巻き込まれた原は、逃げていく途中で多くの死人ややけが人を目撃している。軍人だった父はしばらく被爆場所のそばを離れなかったが、目撃した光景は同じだったはずだ。原は泉邸に東の方向の栄橋袂から、父は反対方向の正門から泉邸へ避難した。原は六、七日の夜を饒津《にぎつ》神社の境内で明かし、八日になって馬車で西の八幡村に向かってヒロシマを脱出した。一方、父は八月六日の午後徒歩で脱出を開始し、翌日の夕刻二〇キロ北の可部に着いている。

二人は別々の日に異なる方向に向かって市内を脱出したが、被爆直後、業火に包まれた市内をほぼ同じ場所で見ている。父は原と異なり、可部に着くと祖母を母に託して、自分自身はすぐヒロシマへ引き返した。

父たちの避難路にあたる牛田村は、わたしが小学校の三年生から過ごした懐かしい思い出の場所だ。だがそのときから数えてわずか十数年前の八月六日、父と祖母が灼熱地獄と化したその場所を命からがら逃げていたことなど知るよしもなかった。

そのときの被爆地の光景を知るうえで貴重な証言が、「広島平和記念資料館平和データベース」に残されている。被爆後四〇年以上経過しての証言であるが、被爆生存者の肉声による直接証言はいまも新鮮で生々しく、聴く者の心を強く打つ。

証言によると川岸には正視に耐えない死体が折り重なり、水を求めて集まってくる重傷者で溢れかえっていた。生存被爆者が語っている光景は証言者によっての大差はなく、父も同様の景色を目撃しながらそこを通り過ぎたと思われる。

原民喜は、草津あたりまでくると青田の上をすいすいととんぼの群れが飛んでいたと記している。父も東原あたりまで来ると、同じような光景を目にしたかもしれない。とはいえ可部街道の道幅は狭く、負傷者や死体を乗せたトラックが可部方向に向かってひっきりなしに走っていたので、周囲の景色を楽しみながらのんびり歩くというような優雅な旅ではなかったはずだ。だが、自然はいつもと変わらない。

「昨日、今日と目にしたものはいったい何だったのだろうか」

父はそう思い返していたに相違ない。三入に着くと「何度も死を覚悟した」と母に語り、父はヒロシマへ戻っていった。そこでの仕事が一段落すると、生き残りの兵とともに山口へ移動し、八月一五日を迎えた。召集解除されたのは、九月二七日のことだった。祖母ナミヱが重態に陥ると父は休暇をとり、九月八日の祖母の臨終に立ち会うことができた。

二〇二四年四月一九日、兄・研とすぐ上の姉・睦といっしょに、泉邸を振り出しに徒歩で三入に向かった。きょうだい三人が揃うのは久しぶりのこと。話は尽きず、六、七時間歩いたころだろうか、気がつくとわたしたちは三入へ足を踏み入れていた。疎開先の農家は残っていなかったが、そのあたりの景色を五歳だった兄はしっかり覚えていた。当時を懐かしく思い出し、川で泳ぎを覚えたことやとんぼや蝶を追いかけた話などして、彼はひとり昔を懐かしんでいた。

「兄貴、原爆の思い出はあるの？」

「あの辺にもくもくとキノコ雲が湧いとったんじゃ。きれいじゃったが、気持ち悪かった」

南の空を指さしながら、その日の朝見た原子雲について教えてくれた。わたしはそのときのことを想像しながら、南の方角の空を眺めていた。

そのとき突然、三入への旅に同行したＮＨＫ広島の福島さんが予期せぬ質問をしてきた。

「川越さんにとって、今回ここにいることにどんな意味があるのですか？」

「うーん、父の苦労を偲びたくて……」

そう答えるのが精一杯だった。わたしはしゃがみこんで小石を川に投げながら、彼女からの質問の答えを真剣に考えた。

遡上の旅の目的は単なるセンチメンタリズムではない。それは間違いない。「では何か?」と自問しているとき、彼女の問いは、わたしに向かっての質問でないことに気づいた。「川越さんにとって」ではなく、「父にとって」――そのように考えると、この地まで父の足跡をたどった理由もあきらかになるような気がした。

三入に着くまでの二日間、父は絶望のなかで悶えるしかなかった。彼が苦しんでいるそのとき、母は父と祖母の無事を遠くで祈っていた。そのとき彼女の目の前を何台ものトラックが、死体や負傷者を積んで走り去っていった。被爆者とその家族に、受け入れがたい試練を神は与えたことになる。わたしは、試練のただ中で苦しんでいた両親の気持ちを考えつづけた。

「自宅で亡くなった患者さんと家族はどうだったかな……」

家で看取った三〇〇〇人のがん患者の最期を思い返していると、わたしはあることに気づいた。それは、死を前にした患者と看取る家族が経験する「希望」と関係している。

死に逝く人はほぼ例外なく、「孤独に置かれ、なすべきことを見いだすことができず、希望が見いだせない」苦しみを経験する。いわゆるスピリチュアルペインといわれるその痛みをそのまま放置すると患者も家族も生きる希望を失い絶望に陥る。だからケアするわたしたちは、死に逝く人のスピリチュアルな危機に対して最大限の注意を払い、必要なケアを提供する。そのようなアプローチをスピリチュアルケアというが、適切なケアがなされれば、死を前にした絶望のなかで患者と家族は希望を見出すことができる。

だが、地獄のただ中から脱出をはかる両親と祖母に、そのような立場の癒し人がいただろうか。ここまで考えてきて、わたしはさらにあることに気づいた。「出ヒロシマ」の旅は一人旅でなく、父と祖母がいつもいっしょだったではないか！ それに赤ちゃんもいた。

死の淵に立った祖母と父。それぞれが相手の癒し人だった。

仮に旅路で死を迎えたとしても、それは決して孤独な死ではない。さらに父には祖母を、祖母には見知らぬ母親から託された赤ちゃんを護るという、生きる目的、生きる意味があった。

置かれた状況はたしかに絶望的だったが、父のスピリチュアルな状態は決して救いようのないものではなかったはずだ。しかも三人まで行けば、妻と子どもたちが待っている。「出ヒロシマ」の旅を続けていた父と祖母には、絶望のなかにあって希望の光が輝いていた。

地獄を生き抜いた父と、強い不安を抱えながら父の無事を祈りつづけた母。それでも二人は絶望のなかで、消え入りそうな希望の光を手にかかげていた。いまにも消え入りそうな二本の希望の光はひとつに交差した。その場所が三入だった。

「神は耐え難い試練を人に課すが、その時必ず救いを用意してくださる」

その信仰が彼らを支え、恵みの神がそれに応えた。福島ディレクターの質問を反芻しながら、難問の答えを見出した喜びの気持ちでわたしは川を眺めつづけた。かたわらでは童心にもどって「この川で、わしゃ泳ぎを覚えたんじゃ」と言って兄が昔を懐かしんでいた。彼には「たいへんな時代を生きていた」という自覚はなかったようで、そのときそのときを童心でふだん通りに過ごしていた。

その兄のことを考えているとき、わたしはさらに気づいたことがあった。そうだ、神は絶望のときに日常という「恵み」を同時に用意していたのだ。非日常的な絶望のなかに用意された二つの希望と、日常という一つの恵みが交わる交差点。わたしが追い求めてきた「三入」がそこにあった。

「福島さん。ぼくが三人まで来た意味がわかった。二つの希望と一つの日常が交わる交差点を見出すための旅だったんだ」

気がつくとあたりは夕闇。彼女はわたしの顔をじっと見て、きょとんとしていた。

III

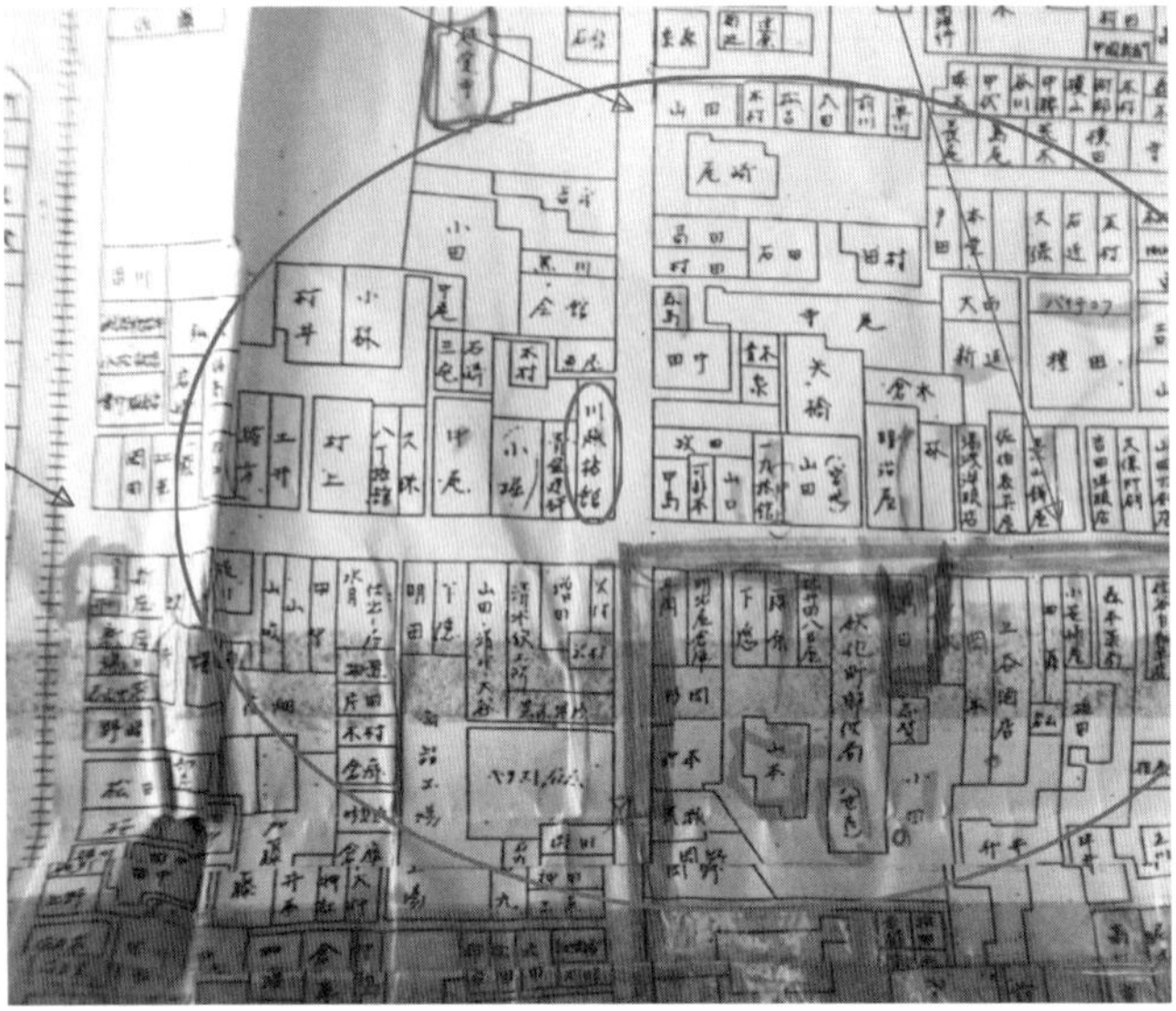

当時の手書き地図に示された「川越旅館」　[高田勇氏提供]
（左端の線路は旧「白島線」）

グラウンドゼロ

二〇二三年八月六日、午後のヒロシマは蒸し暑かった。とうろう流しまで時間があったので、姉・睦と娘・牧子とわたしの三人は地図をたよりに父の実家「川越旅館」があったと思しき所まで行ってみた。ときおり白島線の市電が行き交う広い電車道近くだが、その正確な場所がわからない。

「このあたりよね。でもどうしてそこまで場所にこだわるの。この辺だと分かっただけでいいじゃない？」

「うーん。たしかにそうだけど父の実家だった川越旅館は、今回の旅の目的地だし、すべてがここからはじまったスタート地点でもあるんだ」

姉は「京橋通りは変わらないけど、この辺は変わったものね」と助け舟を出してくれた。

娘はわたしの気持ちが理解できないようだったが、質問は核心をついていた。

「お父さんのお祖母さんと叔母さんが被爆した場所だし、叔母さんはそこで亡くなった大切な場所だからかな？」

急性原爆症で被爆一か月後に亡くなった祖母ナミヱ、被爆当日に焼け死んだ叔母三千子、そして被爆数日後に衰弱死した赤ちゃん。その三人が被爆した場所をわたしは探し求めている。だから「この辺で」という妥協は最初からなかった。

「ナミヱお祖母さんって、どんな人だったの？　生まれは長野県ということだけど、どうしてあの時代、広島までやって来たのかしら？」

「もの静かで穏やかな人だけど、芯はしっかりしていた人のようだった。どうして広島にいたのか、お父さんにもよくわからない。でもかわいそうだね」

故郷から遠く離れた広島で六一年の人生を終えた祖母について、彼女が下伊那《しもいな》出身ということ以外、わたしは何も知らなかった。ところが第一回の遡上の旅のあと、家にあった父の書類を整理しているとき、祖母の履歴書を偶然発見した。そこには、わたしの謎の答えが記されていた。

祖母は現在の長野県飯田市で一八八四年（明治一七年）六月一日に誕生し、一九〇二年に飯田女学校を卒業、その後神戸に出て幼児教育を学び、一九〇六年鐘紡の付属幼稚園に保母として就職した。二八歳のとき（一九一二年）同じ会社に勤める祖父川越直雄と出会って結婚し、祖父の転勤の都合で鹿児島をへて広島に住むようになった。四九歳で他界した祖父の亡き後、彼女は女手一つで四人の子どもを育てながら川越旅館をきりもりした。

そのことがわかったわたしは、「祖母が幼いときを過ごした場所を訪ねてみたい」という思いにかられ、九月三日、戸籍をたよりに妻とともに彼女の出生地を訪ねることにした。桑畑のなかにあったという祖母の実家は遠く中央アルプスを望む高台の上にあり、彼女が通った飯田女学校はすぐ傍だった。後日、娘と姉にそのようすを報告した。

電車道を見ていた娘が突然、姉とわたしのほうに顔を向け、質問してきた。

「ナミエお祖母さんは郊外に疎開していたのでしょう？」

「そうだよ、一九四五年の春からね。二〇キロ北の可部の三入というところで、母と三人の子どもたち——そう牧子からみればお祖母ちゃんとおじさんたちだね——といっしょに疎開生活をはじめたんだ」

「でもどうして、そのとき広島にいたの?」

「疎開先から広島へ出向くことは稀だったみたいだ。でも母の話によると、八月五日の朝、家のことが気になるからと言い残し、ナミヱお祖母ちゃんはひとりで広島へ向かったようだ」


祖母が鉄砲町の自宅で過ごすのは久しぶりのことだった(川越旅館と同一敷地内にあった)。たまたまその夜は、郊外に疎開していた叔母三千子と彼女の職場友だちもいっしょで、父を入れて四人がそこに宿泊していた。

八月六日の朝、父が勤務のため家を出てまもない八時一五分に原爆が炸裂、叔母はその場で死亡した。赤ちゃんを背負って命からがらそこを脱出した祖母は、偶然出会った父とともに可部の三入まで逃げていった。父たちが可部にたどり着いた日のことを母は日記に記している。

七日の夕暮れ近くになって母が見慣れない赤ちゃんを連れ、夫と一緒に帰ってきた。母は家からやっと逃げ出したこと、逃げる途中家の下敷きになって身動きがとれない女性から「この子だけは助けて」と赤ちゃんを差し出されたこと、その子を背負って逃げたこと、一時避難した泉邸でわたしの夫と偶然巡り合ったこと、竜巻に巻き込まれ赤ちゃんと一緒に川に吹き飛ばされたこと、野宿をしてやっとここまでたどり着いたこと、などをぽつりぽつりと話してくれた。

母は、その後の祖母の死についても記している。

母は当初無症状だったが、三週間立つ頃から脱毛、出血、発熱などの症状が出始め、食欲がなくなり下血と吐血を繰り返した。「つわりの時のようで何も食べたくない」と言って、口に食べ物を受け付けなくなった。脱毛を気にして手拭を姉さんかぶりにし、「いちじくを食べたい」と言っていたが最後は食べ物をまったく受け付けず、吐血と下血で苦しみながら逝った。意識は最後まで確かで、気分のよいときは、「助《たすく》（父の弟）が戦地から帰ってくるまでは、なんとしても生きていてやりたい」と、息子の帰りを心待ちにしていた。だがその希望は叶わず、「我らの国籍は天にあり」との言葉を残して九月八日の夜半、三人の孫とわたしたち夫婦に見守られながら、静かに息を引き取った。

母の記録の話をすると、娘は深くうなずいた。

日が西に沈み、とうろう流しのときが近づいてきたので、わたしたちは平和記念公園の会場に向かった。

原爆による祖母、叔母、赤ちゃんの死

数回に及ぶ遡上の旅でいつも問題となったのは、祖母と叔母が被爆した川越旅館の正確な場所がわからないことだった。古い地図を参考にして、京橋通りと白島線の電車道の交差点あたりがその場所であることはわかったが、ここだという所までにはどうしてもたどりつけない。被爆死した叔母の終焉の地になんとしても花を手向けたかったわたしは、何度もそのあたりに足を運んだ。

「仁和寺にある法師」（兼好法師『徒然草』第五二段）は案内者がいなかったために目的地を取り違えた話である。その二の舞を避けたかったわたしは、第三回遡上の旅で二〇二四年四月一九日から三日間、八〇代半ばの、当時五歳だった兄・研に同行してもらうことにした。母に連れられて被爆直後のヒロシマに入った彼は、おぼろげながら当時のことを記憶していた。しかし残念なことに兄の記憶は不確かで、結局目的を果たすことができなかった。

川越旅館と同じ鉄砲町の一八番地には戦前から超覚寺というお寺があり、最後の希望を託して、翌二〇日の朝そこの和田隆彦住職に会った。超覚寺は浄土真宗の古刹だが、手がかりとなるものが火災ですべて焼き尽くされており、ここでも川越旅館の位置を特定する情報が得られなかった。

「叔母が死亡した場所をピンポイントで見つけ出すのは不可能だ」――あきらめたわたしは、兄姉と共にもう一度、父の「出ヒロシマ」の旅をたどろうと思い、お寺を後にして、いっしょに徒歩で可部をめざした。

ちょうど工兵橋の傍にさしかかったとき、和田住職から思いがけない電話がかかってきた。超覚寺の檀家さんで、当時川越旅館のすぐそばに住んでいた高田勇という方が見つかり、「午後二時からお寺にいるので、いらしてください」とのことだった。旅を中断し、わたしたちは急遽超覚寺へ引き返した。

「ここに川越旅館があったのですよ。はっきり覚えています。わたしは当時、東雲《しののめ》中学の一年生でした」

九〇歳を過ぎたいまもなお頭脳明晰。高田さんはこう言いながら、持参した手書きの地図を広げた。

「たしか、三千子さんというお嫁さんがそこで亡くなったはずです。いっしょにいたお祖母さんはどうしたのかな?」

「祖母は無事でしたが、ひと月後に可部で原爆症のために死亡しました。叔母が死んだと思しき場所にも行ったのですが、それらしいところが見つかりません」

「川越旅館の場所は戦後、白島線の電車道が移されるときに道路が大幅に拡張し、そこに取られたのです。いまの電車道がその場所です」

白島線が移動したというのは初耳だった。そのときの電車道拡張工事で川越旅館の場所が取られた、というのであればすべてが説明できる。川越旅館の場所がわかったので、叔母の三千子が亡くなったその場所で慰霊ができる。そのことがわたしは何よりもうれしかった。

一九四四年春に広島女学院の専門部を卒業した川妻三千子(旧姓)は、若き英語教師として母校で教鞭をとっていた。翌一九四五年一月、松本卓夫女学院長の司式で父の弟の助と結婚したが、叔父は結婚後ほどなく南支《なんし》（中国南部）へ出征したので二人の新婚生活は実質一週間とたいへん短かった。ひとり残された叔母は祖母の仕事を手伝いながら、週に二日、女学院で生徒に英語を教えていた。

三千子の最期については、彼女の父・川妻卓二と弟・川妻二郎との話す内容が一部異なっている。三千子の死亡場所へ赴いて骨を拾ったのは弟の二郎であり、父卓二はその話を聞いて被爆証言をしているので、二人の話す内容が異なる場合には二郎の証言を優先した。

八月六日の朝、彼女と友人の吉川先生は茶の間にいて即死をまぬがれ、台所の下に掘られた防空壕へと逃げ込んだ。防空壕には二人しか入ることができず、いっしょにいた祖母は「あなたたちは若いのだから、ここにいなさい。わたしは何とか逃げるから」との言葉を残し、泉邸のほうへ裸足のまま走っていった。祖母が家を飛び出してしばらくすると、あたりは一面火の海となり、二人は防空壕から逃げ出すことができなくなり、無残にも蒸し焼きになって死に絶えた。

二人の死を知った父は部下を派遣し、二郎さんに彼女の死を伝えた。翌八月七日、彼は防空壕の跡でまだ温かみの残った二体の黒焦げの骨を見つけ、三千子の骨を拾って自宅へ持ち帰った。

当時の松本卓夫女学院長は一九五三年一〇月一日付『広島女学院新聞』で、川越旅館で焼死した若き二人の教師を悼んでいる。叔母については「ずば抜けた才能と優雅な性情とを美しく調和させておられた川越三千子先生」と褒めあげ、いっしょにいた同僚の吉川富美先生を「いつも謙遜に無私の奉仕を音楽指導のために続けてくださった」と紹介している。二人の最期については、父が「いっしょだったのは音楽の吉川先生だね。惜しい二人を亡くした」と小声で母に語っていたことをわたしはよく覚えている。

祖母が三人まで連れ帰った赤ちゃんについて、母は次のような手記を残している。

その時から、乳児を二人［生後五か月になる姉・睦と連れてきた赤ちゃん］抱えた私は発奮した。代わるがわる乳房をくわえさせた。私はこの赤ちゃんが高熱で口の中が熱いこと、だんだん吸い方も減退して行くのを感じていた。そのうち赤ちゃんは血液を吐き始め、睦にも同じような症状が出現した。わたしは慌てて二人が飲む乳房を区別した。この力の弱った赤ちゃんに私は血豆ができながらも乳を与えたが、この頃から赤ちゃんの衰弱が目に見えて進み、とうとう預かって三日目に死亡した。後で分かったことであるが、この子のお母さんは奇跡的に助け出され無事だったという。その話は疎開先を訪ねてきた赤ちゃんの父親から聞いた。父親が涙ながらに、赤ちゃんの骨を持ち帰った。

母は日記を生涯書き続け、それは彼女が死亡するまでつづいた。父がわたしたちに語らなかったことは、この日記のおかげでかなりのことがわかった。彼女は次のような文を残している。

一九四五年五月、三入村に疎開す。戦争も最後の段階に入り、いよいよ内地戦場化を覚悟していたが、八月六日、原子爆弾がヒロシマに使われ、初めて終戦の声が聞かれたわけである。この戦争の長い日、戦地で起きた犠牲、試練もよそに、子供たちはどんどん成長してきた。ただ目先の問題に何もかも忘れて子供たちの問題まで静かに考えてみる心のゆとりは持たなかったけど、こうして特に三入では自然の大きな懐で子供たちだけは無心に蝶を追い、河に魚を求めて……感謝と言わなければならぬ。

そのときから二九年後、父は逝去した。

研三は二部隊の残り兵を連れて山口の部隊に合流し、そこで終戦の玉音を聞いた。彼は脱毛こそ免れたが、皮膚に紫色の斑点が出てきて下痢に悩まされた。それでも軍隊で鍛えた体力があったためか、五九歳の彼なりの天寿を全うした。

母は父のことを本当に愛し、尊敬していたようだ。次のように父の死を悼んでいる。

人に厚く己に薄い人であることを思うにつけ「生とはその長さではなく、その時その時の生をいかに生きるか」と思うことしきりのこの頃である。

父が会った被爆米兵捕虜

「あの米軍の捕虜はどうなったのかのー」

誰に向かってというわけではないが、父は被爆前に会った米兵捕虜のことをポツリと語ったことがある。

「あの米兵は、原爆で死んだじゃろうかのお……」

戦時中に口外すれば大変なことになるが、わたしの記憶に間違いなければ、父がそのことを口にしたのはわたしが中学か高校生のころ、一九六〇年代前半のことだった。米兵捕虜のことを聞いたのはその一回きりだったが、なにげない彼の言葉はいまにいたるまではっきりとわたしの耳に残っている。だが能天気なわたしは、「父が米兵捕虜に面会したとしても、のんびりと世間話をしたぐらいだろう」としか考えていなかった。

被爆死した米兵のことを詳しく調べ上げた広島在住の森重昭さんにその話をした。

「米兵が捕虜となって広島にいることは、軍の機密中の機密。もしそのことを軽々しく口外でもしたら、厳罰ものだ。銃殺されても仕方ない」

彼は電話口でこう言ったあと、絶句した。将校といえども軽々しく捕虜に会うことなど考えられない、ということのようだった。

『原爆で死んだ米兵秘史』（潮書房光人社、二〇一六年）の著者として高名な森さんは、二〇一六年五月二七日、平和記念公園の原爆慰霊碑の前で、広島市を訪れたオバマ米国大統領にやさしく抱擁された。このときのようすはテレビや新聞などで大々的に報じられたので、「あの老人だ」といえば誰でもすぐわかるだろう。その彼が「ありえないことだ」と断言するのである。

もし森さんの言葉どおりとすれば、「父は何か特別な目的をになって、軍務として捕虜に会ったのではないだろうか」とわたしは考えるようになった。たとえば英語の堪能な彼が尋問の場にいて、そこで捕虜に会ったとすればつじつまが合う。わたしは森さんの著書をさっそく取り寄せ、急いでページを繰った。事実確認が目的だったが、わたしには、もし捕虜を尋問したとすれば、そのとき父は捕虜を虐待したのではないか、という危惧があった。
この本には被爆死した一二名の米軍捕虜だけではなく、原爆投下直前に広島から東京へ移動させられて奇跡的に難をまぬがれた米兵のことが記されている。そのひとりのカートライト氏は、B24爆撃機ロンサムレディー号の機長として七月二八日、呉沖に停泊していた連合艦隊を空襲した。そのとき撃墜されて捕虜となった彼は、八月六日の直前に広島を離れ東京へ連れていかれるのだが、広島にいるとき彼は中国憲兵隊司令部で厳しい尋問を受けた。森さんはそのときのようすを次のように記している。

英語の上手い将校は、初めはとても友好的に尋問を進めていった。煙草を勧めてくれたりもした。しかし、時間が経つにつれ、苛立ちを露にしていった。尋問の途中、カートライトの手や腕や頭をムチのようなもので打つこともあった。

「尋問した将校は父だ」
わたしは最初、直感的にそう思った。尋問中に煙草を勧める、英語の上手い紳士的な将校。彼は戦時下の捕虜取り調べにもかかわらず、余裕を持って振る舞い、決して捕虜をひどく虐待することがなかった。「仮に尋問したとしても」とわたしがひそかに願っていた姿の父が、そこに描かれていたように思えたからだ。だが、「苛立って」ムチで打つというのは、父らしくない。

またいまひとつ、判然としないことがあった。それは憲兵が取り調べをしたことになっており、父はそのとき歩兵第一一聯隊補充隊付の将校だったので、もし父が取り調べをしたとすると、森さんの記述と矛盾する。

捕虜から軍部が聞き出したかったのは、「どうして広島のような重要な軍都が、いまだに大規模な爆撃を受けないでほぼ無傷でいられるのか」という疑問に対する答えだった。カートライト氏自身はこの質問に対する回答を持ちあわせておらず、答えようがなかったようだ。『広島原爆戦災誌』には、二人の別の米兵捕虜のことが記されている。その文書から判断すると、七月二八日に呉沖の空襲に参加し撃墜されたタロア号に乗っていた二人の米兵捕虜が、どうも質問の答えを知っていたようである。彼らは中国憲兵隊司令部での取り調べの際、この場所がヒロシマであることを知ると「恐ろしい、恐ろしい。近いうちに、広島が全滅するような爆弾が投下される。ここにいたら死ぬのだ」と怯えたという。これらの話から見えてくることは、「新型爆弾がヒロシマに投下されることは米軍のなかでも重要機密事項であったが、一部の兵士はそれを知っていた」ということだ。

森さんの著書を読み、「米兵捕虜の尋問をしたのは父だったかもしれない」と思い惑った話は、後日急展開する。捕虜生活を送っていたときのできごとをカートライト氏自身、『爆撃機ロンサムレディー号』（NHK出版、二〇〇四年）で述べており、そのなかで尋問を受けたときのようすを詳述している。彼によると、「尋問役の将校は、かなり上手に英語をしゃべる通訳といっしょだった」とのこと。父は英語が非常に堪能だったので、わざわざ通訳をつける必要はない。そうすると、この将校が父でないことはあきらかだ。将校が憲兵隊所属という話も、父が取り調べに関わっていなかったということで、つじつまが合う。

だが、こうなるといよいよ、父が捕虜の米兵に会ったとすれば、それはいつ、どこで、どのような状況だったのか、わからなくなる。いまとなってはこれ以上調べる術がなく、米兵が捕虜になっていることを知った父が、個人的にそっと会いに行ったのではないかと想像するだけであった。なおその後、森さんからご教示いただいて、腑に落ちたことがある（一三三頁参照）。いずれにしろ、父が米軍捕虜を虐待した可能性はほぼないことがわかり、わたしは安堵した。

広島で被爆した米兵捕虜について、わたしはいまにいたるまで多くを知らなかった。父の問題が落着するとわたしは、捕虜米兵の被爆死に関し冷静な気持ちで向かい合うことができるようになり、この件にはさまざまな重要問題が別にひそんでいることに気づいた。そのひとつが、戦争の非人間性について考えざるをえない出来事が、B24爆撃機のロンサムレディー号墜落場所で起きたことである。

機が撃墜されたのは一九四五年（昭和二〇年）七月二八日。パラシュートで脱出した乗員が、近づいてきた村民のひとりを拳銃で射殺するという事件が起きた。それから五〇年以上経過した一九九九年、墜落現場を機長のカートライト氏が訪ねた。彼は射殺された丸茂源治さんの娘、丸茂ミカさんという女性に会ったのだが、そのとき彼女は険しい表情でにらみつけ、驚くことを告げた。

父が米兵に射殺された時、わたしは現場にいたのだが父は丸腰だった。丸腰の父が米兵に殺害されたことで自分はいまに至るまでアメリカを憎み続け、その傷は一生癒えないと思う。

驚いた彼は通訳や周囲の人に、何度も彼女の言葉を確認したという。後日彼は著書『爆撃機ロンサムレディー号』のなかで、「どうやら丸茂源治さんは猟銃を持ち発砲したらしいのである。鎌や竹槍を手にした多くの村人に取り囲まれ、発砲音を聞いて米兵は自己防衛のため、とっさに彼女の父親を射殺したのだろう。しかし遠くから見ていた丸茂ミカさんはこの事実を確認できず、長い時間の経った記憶の中では父親は丸腰であったと思うようになり、それを信じ込むようになったのではないだろうか」と、自分の見解を述べている。当時の状況から言って、彼の見方が的を射ているようにわたしは思った。だがそれでも、わたしの心の中のモヤモヤは消えさらなかった。

「銃の使用は、それが正当防衛であれば法律的に許される」というのは、万国共通のルールだ。だからこの件でカートライト氏は非を認めることもなく、謝罪する必要も感じていないだろう。それは決して間違ってはいないのだが、この常識を敷衍すると、「戦争は相手が自分を殺しにくるのだから、相手を殺すのは当然」、とくに「戦闘員は武器を持って向かってくるのだから、こちらが殺さなければ殺される。彼は殺されて当然」という常識につながる。

では、非戦闘員の場合はどうなるのか。常識的な考えは「戦闘に参加していないのだから、殺害対象としてはならない」ということになるだろう。これは戦術的なルールだが、戦略的な見地から考えると、もっと重要な意味を含んでいる。「非戦闘員といっても、何らかの形で間接的に戦闘に参加している。戦争では戦略目標が優先されるべきで、戦術的な殺戮もやむをえない」という、恐ろしい考えが生まれてくることになる。

原爆投下前から、米軍は日本の一般市民を標的とした大規模な空襲を行なっており、その空襲が「戦術的なルール違反だ。戦争犯罪に相当する」と異を唱えたとしても説得力に欠ける。そもそも戦争とは、暴力によって問題を解決しようとする方便なのだから、このような議論をすること自体に意味がない。だからこの問題で特定の国を非難することに、わたしは抵抗があった。一般市民の犠牲に接するとき、わたしはいつも「戦争とはそういうものだ」とむなしさを覚えつつ、戦争は行なっていけない、という原点に返りつくのだ。

戦争という非常時においては平和時に通用する論理で、個々の出来事の是非を判断するのは無理がある。この件もそのたぐいだが、わたしが問題としたのは、父を目の前で射殺された娘さんが長い間この問題で苦しんできた、という事実だ。

彼女の苦しみは、「戦争がいかに非人間的な業であり、避けるべき悲劇であるか」を雄弁に物語っている。

被爆死した米兵捕虜のために立てた卒塔婆

被爆死した米兵捕虜のことで、もうひとつ、わたしの頭を悩ませる問題がある。

原爆ドームに近い相生橋の北詰電柱に、米兵が針金で縛られて死んでいたという有名な話をわたしは子どものころから知っていた。その米兵を目撃した人は少なくない。

「米兵がそもそもどうしてそこにいたのか、なぜ縛られて死んでいたのか、虐待を受けて死んだのかそうでなかったのか」

目撃者の話が異なっていて、どれが真実なのか詳細は不明だ。事実として残っていることは、爆心地から四〇〇メートルの地点で被爆した米兵捕虜が奇跡的に即死をまぬがれ、そこから橋のたもとまで連行され、その場所で死亡したということだ。このことを前提として、わたしはその捕虜の死について考えをめぐらした。

「逆上した市民が、そこに繋がれていた米兵捕虜を虐待死させた」

そのように考えるのはきわめて自然である。だが強烈な放射線を浴びた米兵は、即死こそまぬがれたがほぼ瀕死状態だったはずだ。しかも、体力ある被爆者が爆心地近くに多数いたとは考えにくく、「被爆米兵が日本人から虐待を受けて殺された」という可能性は低いとわたしは考えている。この問題をていねいに追った森さんも虐待死に対して否定的であるが、この件についてこれ以上深入りするのは避けようと思う。ただ数は多くないが、原爆を落とした国の兵士が捕虜となって被爆地で死亡した、という事実は銘記しておく必要がある。

この問題と関連し、わたしにはどうしても腑に落ちないことがある。それは被爆死した米兵を懇ろに葬り、焼け野原に墓標まで立てたケースがあるのだ。なぜ被爆直後に、そのような赦しの行為を行なうことができるのだろうか。広島人の、理解困難な精神構造に戸惑うばかりだ。

この疑問に対し、電柱にくくられた米軍捕虜を弔った川本福一氏は次のような話を寄せている。彼はその日、所用で広島市を離れていて難を逃れたのだが、妻子四人は原爆で即死している。それにもかかわらず、熱心な仏教徒だった川本氏は「死んだ人に罪はない」と言って、放置されていた米兵の遺体を元安川の岸に手厚く埋葬し、墓標を立てたというのである(毎日新聞、一九七〇年七月一〇日)。

非常に理解しやすい赦しの構図であるが、誰にでもできることではない。川本氏の行為の根底には、死者になると罪から解放されるという浄土真宗の考えがあるが、被爆直後のヒロシマで、しかも妻子が殺された男性によってそれが実践されたというのは信じがたい。

わたしは「ひとを赦す」ということがいかにむずかしいか、身をもって経験している。話はわたしが医学生だった五十数年前に遡る。

一九六九年初夏、東京大学の全学ストは解除され医学部でも授業が再開した。わたしが仲間と共に解剖実習を受けていたとき、思わぬニュースが飛び込んだ。授業再開に反対していた全共闘系のクラスメートが、本館前に大挙して現れたというのである。実習していたものはみな手を休め、顔を見合わせた。「授業つぶしに来た」と早合点して色めく者もいたが、多くは彼らの真意をつかみかねていた。実習室の雰囲気は一変し、きわめて険悪になった。「いまさら何をしに来たのだ。とにかく総括してもらわないかぎり、授業への出席を認めるわけにはいかない」と意見がまとまり、本館前の広場に全員が出ていくことになった。

暴力沙汰になる気配が強かったので、わたしはどうしようかと迷っていた。すると、解剖の相棒役の後藤淳郎君がわたしの気持ちを察し、「川越は行かなくていいよ。ここで待っていて」と救いの手を差し伸べてくれた。わたしをふくめ数名のクラスメートが、広い解剖実習室に残った。外では激しい怒号が飛び交い、しばらくすると興奮した級友が怒りをあらわにして戻ってきた。これまでのうっ憤を晴らすかのように、殴りつける者もいたとのことだった。「その場に行かなくて本当によかった」と、わたしはそっと胸をなでおろした。

わたしたちのクラスは政治的、思想的な違いによって大きく三つの集団に分裂し、最終的に「考えの異なるクラスメートに対して暴力をふるった」という、暗い負の過去を背負っている。そのときの禍根を五十数年経ったいまも引きずっており、いまだ、クラス会をひとつのかたちで開くことができない状態がつづいている。ひとがひとを赦すのは、いかにむずかしいことか。

「謝る」あるいは「赦す」ことは、欧米や中近東では日本よりもはるかにハードルが高く、当事者には大変な勇気と決断を要する。レバノン内戦時の戦闘員だったパレスチナ人のアスアド・シャフタリは過去の自分の過ちを謝罪し、いまは〝平和のための戦士〟(Fighters for Peace)となって民族分断を超える試みに挑戦している。彼はインタビュアーの質問に答えて、「とくに男性の場合、謝ることも赦すことも我々の文化では弱さの象徴だとみなされます。謝る、許すといった概念自体、異質なものです」と述べている。さらに彼は「赦しに関して言えば、アラビア語では『私』が赦すという表現ではなく、『神があなたを許し賜います』という言い方をします」とつづけている（法貴潤子「レバノン：Fighters for Peace『平和のための戦士たち』の挑戦」『ミフターフ』二〇一九年八月号、パレスチナの平和を考える会）。

ユダヤ教もイスラム教と同様、この赦しの構図は類似している。旧約聖書のモーセ五書には、謝罪や赦しの対象となる罪に関して、ユニークな見方が示されている。旧約聖書の有名な失楽園の物語（『創世記』第三章）では、神の命に逆らい神から離れようとする人間の性を「原罪（original sin）」として神は断罪し、『出エジプト記』において神は守るべき掟を「十戒」（『出エジプト記』二〇章二節～一七節）のかたちでモーセに示した。ユダヤ教の律法成立過程には、「目には目を、歯には歯を」で有名な古代オリエントのハムラビ法典が影響を与えているが、十戒はユダヤ教の独自性が強く、律法としてユダヤ民族に定着していった。掟を破るのが「罪（crime）」であり、罪を犯せば相応の罰を人間は受け、救いから遠ざかることになるので、彼らは律法を守ることに腐心した。

ヒロシマに投下された原爆は、非戦闘員の一般人を対象とした大量殺戮なので、まぎれなき戦争犯罪だ。米国は戦争犯罪という罪を犯したのだから当然その報いを受けるべきだ。多くの日本人はそう考えるだろう。だからどうして被爆直後のヒロシマ人は、米人捕虜を手厚く葬り卒塔婆まで立てたのか理解に苦しむ。

第二回のヒロシマ遡上の旅のとき、わたしは森さんにこの質問をぶつけた。彼はその質問に対してだけではなく、わたしが問うたその他の疑問に対してもていねいに答えてくれた。森さんは最初に「父は捕虜米兵に会ったのではないか」というわたしの質問にこう答えた。

「私は著書の中で『通訳を連れた一人の憲兵隊将校が捕虜の尋問を行った』と書いたが、この本が出版されると『私もその捕虜に会った』という人が何人か私に連絡を取ってきた。米軍は『なぜ広島がこれまで空襲を受けなかったのか。米軍はヒロシマに何をしようとしているのか』という重要な情報を知りたかったので、何人かの尋問者を準備した。つまり通訳者として捕虜に会った人は何人かいたようです。あなたのお父さんもその一人だったのでしょう」

米兵を手厚く葬った話に関して、森さんはたくさんの人から直接情報を得ていた。彼によると、「日本の憲兵が『米兵を殺せ』と殺気立っていたとき、『捕虜に危害を加えてはいけない』と憲兵隊の司令官が命令したため、捕虜への虐待が起こらなかった。この司令官の個人的な力によることが大きいのです。わたしが調べたところでは、市民をふくめて生き残った捕虜が虐待されたことはなかったようです」とのことだった。

「米兵を荼毘《だび》に付し、卒塔婆を立てて葬ったのも、いわばそのひと個人の信念に基づいています。でもそれに対して周囲から特別な反感がなかったということは、みんなそう思っていたのでしょうね」

ユダヤ教、イスラム教圏などと異なり、こと仏教圏、とくに日本では、憎き敵に対する対応がまるで異なる。その違いは「死者に罪はない」という仏教的な考えにもとづいており、日本人の優しさが関係しているようだ。被爆死した米兵の葬りに関しては宗教的な背景だけで理解することに戸惑いを感じるが、わたしはキリスト教の立場(『マタイによる福音書』一八章二一～二二節)に立って、ヒロシマで被爆死した米兵に対する寛容さ、やさしさを考えてみた。

互いに忍び合い、責めるべきことがあっても、赦し合いなさい。主があなたがたを赦して下さったように、あなたがたもそうしなさい。(『コロサイの信徒への手紙』三章一三節)

イエスの場合は「だれかがあなたの右の頬を打つなら、左の頬をも向けなさい」(『マタイによる福音書』五章三九節)と言ってハムラビ法典の復讐法を否定し、さらに「人の子は安息日の主なのである」(同一二章八節)と述べて個人の判断を重視している。これは、墓標を作った川本さんの考えに相通ずる。さらにイエスご自身は十字架の上でこう祈られた。「父よ。彼らをお赦しください。彼らは何をしているのか知らないのです」(『ルカによる福音書』二三章三四節)。このように、新約聖書では「人間同士の赦しは、神の『赦し』があって初めて成り立つ」と教えている。

Crimeとして原爆投下を捉えようとすると、複雑な、収拾不能の議論に巻き込まれることを覚悟しなければならない。ヒロシマが投げかけた問題は人間の原罪の表れとして捉えることができ、CrimeというよりもむしろSinと考えるほうが理にかなっているような気がする。Crimeは一定のルールに則って裁かれ、Sinは神を信じることによって神の愛によって赦される。

生存被爆者の苦しみ

「お父ちゃん、またうなされている。なにか怖いことでもあるのかねー」

物心がつくころからわたしは、夜中に大声をあげ、汗をかきながらうなされる父をしばしば見てきた。最初のころこそ驚いて目を覚まし、「お父ちゃん、お父ちゃん、どうしたんね。苦しいの？」と声をかけていた。父は目を覚ますと上半身を起こし、しばらくじっとしていた。

わたしたち兄弟はそのうち慣れてきて、「また戦争の夢でも見ているのだろうね」とやり過ごすようになった。父がよく夢にうなされていたのは一九五〇年代初頭から半ばごろまでのこと、一九六〇年代半ばになるとそのような父を見ることはほとんどなくなった。

父がうなり声をあげていたころ、経済的な問題などもあり、父の精神状態は最低だったように思う。なにを思ってかあるとき、父は布に包んだ短銃を取り出し、それをわたしたちに見せてくれたことがある。将校が持つ南部式拳銃だったのではないだろうか。父はそれをすぐ引っ込めてどこかにしまったが、拳銃を持ちそれをわたしたちに見せた理由が当時のわたしにはよくわからなかった。父は自決用にあの拳銃を隠し持っていたのではなかろうか。こめかみに銃を構え、いまにも引き金を引きそうな父の追い詰められた姿を想像すると、わたしはやるせない気持ちになった。もしあのとき父が自死するようなことがあれば、遺されたわたしたちのその後は大きく変わったはずだ。どのように父がその短銃を処理したかは不明だが、幸いその後拳銃を目にすることはなかった。

父の足跡を追うなかで、戦時中のことが少しずつわかってくると、彼が夢で見ていたのは「原爆の惨状だ」とわたしは考えるようになった。父の心を長いあいだ苦しめてきたのは、原爆以外に考えられないからだ。

原爆について口を噤んできた生存被爆者がみずからの被爆体験を語るようになったのは、被爆後四〇年以上経ってからのことだった。一九七二年に刊行された『水ヲ下サイ』(原爆体験を伝える会)には一九五〇年という早い段階に書かれた貴重な手記(北山二葉著「あッ、落下傘だ」)も収められているが、例外といってよいだろう。また被爆者の生々しい貴重な証言は、広島平和記念資料館の『被爆者証言ビデオ』に残されている。わたしは爆心地から見て父と同じ東の方角で、一・五キロ前後離れた場所で被爆した人の証言を選んで集中的に聞いてみた。そのとき気づいたことがある。生存被爆者が見た地獄の景色が同じであるのは当然だが、その証言パターンが非常によく似ているのだ。

最初のうちは特別表情を変えることなく淡々と当時を振り返っていた被爆者が、「あるところ」にさしかかると急に声を震わせ、言葉を詰まらせるのだ。顔を手で覆い、声を上げて泣きだす被爆者も少なくない。「あるところ」とは押しつぶされた建物を脱出し、外に出て避難をはじめるあたりだ。そこは阿鼻叫喚の「地獄の入口」といってよいだろう。

火が迫ってくるなか、助けを求める家族や友人を振り切り、自分自身の身を護るためそこから逃げざるを得ない。大切な人を残し、自分だけ地獄を脱出したという負い目を生存した被爆者は持つことになる。

父の被爆場所は爆心地から一・二キロ離れており、一キロ以内の被爆者はほとんど即死しているので、彼が人々の避難を助けるためにとどまった場所には、直接の被爆死をまぬがれたが深手の傷を負った被爆者が幽霊のごとく集まってきた。

そこで生存被爆者が目にしたのは、ひどい火傷のため皮膚が垂れ下がり両手を前に垂らしてユラリユラリと歩く人。裂けた腹から飛び出した小腸を手で押さえながら助けを求める人。

頭蓋骨が裂けそこから拍動する脳の血管が見えている人。眼窩から飛び出た眼球を手で持ちながら歩く人。水を飲もうとして水の中に頭を突っ込んで死んでいく人。流木のように川に浮かび、引き潮で下流に勢いよく流れていく多数の死体などなど。まさに地獄以外の何物でもなかった。

被爆者のことを語った父の言葉は、「普通のひとがようけ死んどった」の一言で、地獄を彷徨う亡者についての発言はいっさいなかった。だからビデオで被爆者が語った地獄は、父が語らなかった地獄だった。戦後になって父が大声をあげてうなされ苦しんでいたことも、生存被爆者の証言を聞くとよく理解できる。

一生の中で、これほど長きにわたってひとを痛めつける苦しみがあるだろうか。父だけではない。すべての生存被爆者が通り抜けた、辛い経験なのだ。生存被爆者はその時のことを「語らない」のではなく、「語れない」のだ。

いまにいたるまで、その理解がわたしにはまったく欠けていた。重い事実だ。生存被爆者が原爆を語りはじめるまでに四〇年かかり、被爆二世のわたしが原爆を語るようになるまで、さらに四〇年近くのときが必要だった。

生存被爆者が語る被爆体験は人々の心を揺すぶるが、被爆時から八〇年経った今となっては語り部を探すこと自体が困難となっている。必然的に原爆を語り継ぐ役割は、被爆二世のわたしたちへバトンタッチされることになる。だがそこにはいくつかの問題がある。

その第一は生存被爆者が、みずからの被爆体験を被爆二世のわたしたちにほとんど語らなかったことだ。したがって親の被爆体験は、数少ない証言と残されたわずかな資料をもとに再構築するしかない。幸いなことに、被爆二世にはそれなりに幼少時の記憶があり、土地勘がある。もうひとつの大きな問題は、喜寿を迎えたわたしのように、被爆二世にも残された時間が少ないことだ。

父には、ほかの被爆者と違うことがひとつあった。それは祖母を可部まで連れていくと、すぐまた市内へとんぼ返りしたことだ。父がヒロシマへ戻って何をしたかは想像するしかないが、軍人という立場上、その主な仕事は死体の処理を行なうことだったと思われる。照り付ける真夏の太陽のもと、死体を集めてきてはそれを積み重ね、ガソリンをかけ火をつけて焼く。早く焼かないと死体はすぐ腐敗し、ハエがたかり蛆が蠢く。数が数だけに、死体処理の作業が容易だったはずはない。市内に引き返した父は、その過酷な作業に携わっていたと思われる。

二〇一八年三月に刊行された『広島平和記念資料館　学習ハンドブック』には、原爆による人的被害が記されている。一九四五年八月六日当時、約三五万人の人が広島にいて同年末までに一四万人が死亡している。人体に与えた被害の原因には熱線、爆風、高熱火災、放射線などがあり、程度の差はあっても被爆者はそのすべてを被っている。

原爆による即死こそ免れたが、戦後二九年を生きた父は肉体的なダメージと同時に、精神的には孤独だったと思われる。孤独は原爆を経験し、戦後を生き抜いた被爆者に共通する。原爆に関しては、ともに泣く人もいない。復興した実家周辺を歩く父の姿はわたしの記憶になく、区画整理によっていつの間にかその土地すら失せていた。かつて指揮を執っていた中隊は戦地で全滅して生存者はなく、町内に住んでいた隣人はその場所で原爆によってほとんどが死んでしまった。これが生存被爆者の見た地獄とその後の人生だとすれば、誰がそのときのことを思い出して語ることができようか。

被爆者の心の傷を癒すのは「時の流れ」のみ。わたしたちはそっと見守ることしかできない。

生存被爆者に対する悲嘆のケア

二〇二四年八月六日。

とうろう流しがまもなくはじまる時刻になっていたが、平和公園によく足を運んだ六〇年前のことを思い出しながら、わたしは娘と二人で公園のなかを当てもなく歩いた。

「ヒロシマにいたころ、お父さんは平和問題に関わっていたの？」

「時代が時代だったからね。平和行進の一行に旗を振ったり、市内をデモ行進する学生にエールを送ったな」

一九六〇年広島学院中学へ進学したわたしは平和問題に強い関心を持つようになり、被爆二世が平和のために声を上げるのは当然のこと、それが平和を創り出す具体的な姿だと信じていた。当時の世界は核戦争に直面しており、日本では反戦、反核の旗を掲げた平和運動がかつてない盛り上がりを見せていた。

「おじいちゃんは?」
「うーん、何も言わなかったし、何もしなかった」
「でもあれだけひどい目にあったのだから、『原爆反対』と立ち上がってもいいよね。お父さんは何も言わなかったの?」
「うーん」

わたしには問いに対する答えを用意していたが、その場で娘に答えることができなかった。たしかにそのころ被爆地広島では、「被爆者よ、なぜ黙っているのか。原水爆禁止運動の先頭に立つのはあなた方しかいないではないか」と、生存被爆者に被爆証言を求め、運動の先陣を切ってほしいという声が強かった。

反核の嵐が吹き荒れるなかで、わたしは沈黙をつづける父を赦すことができなかった。父が隣の部屋にいることを承知のうえで、母に向かって「なぜ、お父ちゃんは原爆のことをみんなに話してくれんのじゃ！」と大きな声を出したことがあった。父はどのような気持ちで、わたしの抗議を受けとめたのだろうか。それでも彼は沈黙を貫き、人前でみずからの被爆体験を語ることはなかった。

そのころ市内で宣教活動をしていた牧師に、その話をしたことがある。平和問題にいまも熱心に取り組んでいる彼は当時のことを思い出しながら、ひとつのエピソードを語ってくれた。

当時若かったこともあり、彼は仲間とともに被爆者の家を一軒一軒訪ね、「あなたの被爆体験をぜひ人々に語ってもらいたい」と頼んだ。するとその被爆者は突然激怒し、「あんたらに話すことは何もない。わしらを利用せんでくれ」と言い放って玄関の戸を固く閉ざしたという。生存被爆者が被爆体験を語りたくないことはよくわかるが、なぜそこまで強く拒否するのか、彼には理由がよくわからなかった。

いまのわたしにはその理由がわかる気がする。患者の死に際しての家族の悲嘆にその理由が隠されているからだ。

何事にかぎらず遭遇した悲劇から回復して立ち直るためには、一定の時間が必要だ。被爆後十数年経過していたとはいえ、経験した地獄を被爆者が語るにはまだ早すぎた。時が熟していないときの周囲からの無神経な関わりは、かえって悲しみのなかにいるその人を傷つける。

気がつくと日は西に傾き、元安川をはさんだ対岸の原爆ドームが西日を浴びて明るく輝いていた。娘とわたしは、静かに流れゆく川面を眺めていた。そのとき突然、彼女は何気なく呟いた。

「おじいちゃんも、おじいちゃんのお母さんも原爆にあったのね。でも曾おばあちゃんは死んだし、おじいちゃんは死ななかった。辛かったでしょうね」

その言葉に軽く頷いたが、わたしはしばらくして彼女の言葉にはっとした。これまであまり意識したことのない事実に気づいたからだ。

「そうだね。場所は少し離れていたが、二人とも被爆している。親父は生き残ったんだな……」

ホスピスケアの立場に立って考えると、生死を問わず被爆者は一人称の立場で原爆を経験している。被爆一世と血のつながる被爆二世は、二人称の立場で原爆と向き合う。この考えに立つと、被爆して生き残った被爆者は一・五人称の立場で原爆を経験したことになる。生き残った父も原爆を知らないわたしも、二人称の立場で原爆を見るが、原爆を経験した父と経験していないわたしとの〇・五人称の差は、決定的な違いがある。わたしはその差に、まったく気づいていなかった。

ホスピスケアの哲学によれば「患者と家族は一人の病人」なので、ホスピスケアのプログラムでは患者が死亡した後も、遺族を対象としたケア、いわゆるBereavement careがつづけられる。遺族に対するケアをわたしたちホスピス医は重視し、患者の生前から遺族ケアを念頭においた悲嘆のケア（Grief care）に力を注ぐ。この点からいえば、凄惨な現場で多くの死に遭遇した被爆生存者は、まぎれなきケアの被対象者だ。ここまで考えたとき、わたしは父に対して何のケアもしていなかったどころか、父を深く傷つけていたことに気づいた。

「それにお父さん、どう思う？　亡くなった人はものすごくかわいそうな死だよね。でも、もっと大変なのは生き残った被爆者じゃないかしら」

娘の言うとおりである。

死に逝く患者のケアで重要なのは、患者の苦痛を一人の人間の苦しみとして捉え、いわゆる全人的なケアを提供することだ。全人的なケアは肉体的、心理的、社会的、スピリチュアルなアプローチを通して提供され、その目的は患者のQOL（Quality of Life 生活の質）の改善にある。WHO（World Health Organization）はホスピスケアの一般形である緩和ケア（Palliative care）をこのように定義している。だがホスピスケアはオールマイティではない。

QOLの改善とともにもっとも重要なのは、誰もが「納得する死」の実現だ。「納得死」を実現するのは、あらかじめ存在する一定の形（ホスピスケアもそのひとつ）を機械的に行なうのではなく、死に逝く人の決定を重視する個別的な対応をとることだ。

このような視点で被爆者を見ていくと、被爆死した被爆者はみずからの死を準備する時間的なゆとりなどなく、しかも見るにたえない無残な死を遂げている。本人にとっても家族にとっても「納得死」とはほど遠く、当然だれしも受け入れられない死だったことになる。ただし被爆時点で生を終えた被爆者はケアの対象とならないので、ホスピスケアの考えを持ち出しても意味はない。問題は、被爆後生き残った被爆者、いわゆる一・五人称の立場に相当する生存被爆者に対するケアのあり方だ。

遺族ケアはケースによって大変むずかしいことが知られており、愛する者の死をどうしても受け入れられない家族を対象とするケアはもっともむずかしい。

表面的な慰めの言葉はかえって遺族のこころを傷つけるし、悲しみに沈んでいる遺族を勇気づけようとすることなど論外だ。遺族ケアの原則は、遺族を一定期間そっと温かく見守ることだ。ホスピスケアの場合、どんなにその死が納得できるものであっても、遺族が立ち直るためには最低一年間が必要だ。

「お父さん、とうろう流しへ行こうよ。あちらで福島さんたちが待っているよ」

むずかしい顔をして黙り込んだわたしに、娘は何かを感じたようだった。夕闇がせまり、とうろう流しはすでにはじまっていた。

ヒロシマから北杜市に帰り、ビデオを通して生存被爆者の生の声を聴き、自分なりに一・

五人称の立場の被爆者の沈黙について考えてみた。

生存被爆者は目にした地獄を語らなかったのではなく、語れなかった。「語れる」ようになるまでには、四〇年の歳月が必要だった。被爆後まもない時期に、悲しみと苦しみに沈む被爆者に対してマイクを差し向けることが、いかに罪深いことか。わたしは父の苦しみをまったく理解しないまま、父を平和の戦士に仕立てようとしたことをひどく後悔した。

ヒロシマ遡上の旅で、わたしは予期せぬ多くの出会いを経験した。そのひとりは二〇二四年四月、第三回目の旅に出る少し前にたまたま知り合った、わたしよりも一つ年下の広島出身の女性だ。

結婚して遠い長野県の川上村に住むようになった彼女に、わたしがこれから広島市に行ってそこから可部の三入まで足を延ばすことを伝えると、彼女は驚いて「わたしの母の郷は三入です」と教えてくれた。初対面にもかかわらず、時間を忘れてわたしたちは原爆について語り合った。彼女の話のなかで、わたしには気になることがあった。

彼女には六歳年上の被爆者の兄がいる。彼は戦後しばらくのあいだ、比治山《ひじやま》の山頂にあったＡＢＣＣ（原爆傷害調査委員会）で定期的に検診を受けていた。その検診のたびに彼は丸裸にされ、調査官の前に立たされたということだ。そのことを彼はいまも恥ずかしく思い、そのことが深い傷となって残っている。傷ついた被爆者のこころに土足で踏み込むようなもので、言語道断といわざるを得ない。

しかし被災者のこころを無神経に踏みにじる暴挙は、いまでも残っている。これは東日本大震災の直後、厚労省の厚生科学審議会の部会の席での出来事だ。委員のひとりが、「被災者の心理状態を研究する、千載一遇の機会です。国としても研究の補助を早く開始すべきです。すでに外国からは調査が入っています」と発言した。この発言に対してわたしは思わず挙手し、「被災者はいまの段階ではこころに深い傷を負っているので、そっと見守ることが大切です。彼らのこころを泥靴で汚すようなことがあってはならない。調査を開始する前にその配慮をまず行なうべきだ」と異議申し立てをした。

原爆の開発についてはマンハッタン計画の最初から、さまざまな分析計画が詳細に立てられていた。その是非はともかくとして、こと、ひとを対象とした研究はサイエンスをベースにしたアートであることを銘記しなければならない。被爆者のこころを理解しないでサイエンスを優先すれば、被爆者のこころの傷をより深く傷つけることになる。

生存被爆者の苦しみは彼らが貫いた「沈黙」に秘められていた。それが被爆者の心だった。わたしがそのことに気づいたとき、父はこの世にいなかった。

Ⅳ

原爆死没者慰霊碑と原爆ドーム　[撮影：筆者]

戦後の政治情勢

戦争の時代を生き青春を戦いに明け暮れた父の世代とくらべ、一九四七年生まれのわたしはいかに恵まれた時代を過ごしてきたことか。わたしたちが子どものころ、国は決して豊かではなかった。だがわたしたちの心は豊かだった。国の外では殺戮がくり返されていた。だがわたしたちはいまにいたるまで戦争で人を殺さなかったし、殺されることもなかった。

日本が戦後八〇年の長きにわたって平和でありつづけたのは、偶然だったのだろうか。否、この奇跡は創られたものであり、その根底を支えたのは太平洋戦争を通しての人々の学び、平和への決意と行動だった。具体的には、一九四六年一一月に公布された日本国憲法が戦後の平和運動を精神的に支えており、その精神は純粋に平和を願う人々の気持ちに依拠していた。

広島市は一九四九年八月六日、広島平和記念都市建設法を公布し、法律にもとづいた平和都市の建設に前向きに取り組んできた。一九五五年八月六日には広島平和記念資料館条例が公布され、同月二四日には広島平和記念資料館、通称「資料館」がオープンした。市がいまもヒロシマの原爆の歴史を大切に保存し、時代を超えて人々にそれを述べ伝えている。

二〇二四年六月一七日、第四回の旅の二日目に、わたしは姉・陸といっしょに資料館を訪れた。時間の関係で本館しか見ることができなかったが、それでも嬉しいことに資料館には原爆の記憶がしっかりと大切に保存されていた。ひととおり館内を見終わると、同行したNHK広島の福島さんと姉とわたしの三人で立ち話になった。

「川越さん、いかがでしたか？　被爆二世の目で見て」

「原爆投下前の写真が残っていて、それらの写真を集めて見事に街を復元していました。とくに、爆心地周辺が詳細に再現されているのは驚きでした。ぼくの頭のなかにはそれぞれの場所の位置関係がしっかり入っているので、説明がなくてもよくわかります。この町とそこに住んでいた人が瞬時に消えて無くなり、焼け野原が残ったということ。よりリアルに感じられ、本当にショックでした」

「原爆の破壊力のすごさにショックを受けたのですか？」

「それもありますが、見ていていちばん辛かったのは展示されていた遺品の一つひとつです。遺品といっても、焼け焦げた三輪車や着ていた衣服、すべて日常的なものですね。だがその遺品からは被爆して亡くなった方の生活というか、人生が伝わってくるのです。そのことを考えると言葉がありません」

「来館される方がすごく増えています。その方たちに何かメッセージはありますか？」

「一人ひとりの被爆者がどのような経験をしたか、そのことに思いを寄せていただきたい。ただ通り過ぎるのではなく、しっかり向き合っていただきたいと思います。ぼくもこれまで避けてきたので、あまり偉そうなことは言えませんがね……」

「遺品が遺影や本人の言葉、遺族の手記などとともに展示されている『魂の叫び』のコーナーですね。きっと川越さんが注目したのは」

「一階のビデオシアターもぜひ見ていただきたい。ぼくはネットでいくつか見たのですが、被爆した方の直接の語りがいちばん心に響きます」

「最後に、川越さんが感じたことをお願いします」

「資料館のメッセージは、『このような悪魔の兵器を決してふたたび使ってはいけない』ということだとあらためて思いました。原爆がそれを示し、資料館がそのメッセージを大切に保存してきた。そこにヒロシマの存在意義があると思います。それを後代に伝えるのは、ぼくたちの役目ですね」

「被爆者の経験談がいちばん胸を打つわ」――そう言いながら姉もうなずいていた。

何回か遡上の旅をくり返していると、資料館だけではなく、さまざまな場所でいろいろなかたちでヒロシマの原体験が語り継がれていることをわたしは知った。

被爆証言『夏雲　広島女学院原爆被災誌』（前出）を下敷きにして作成されたドキュメンタリーフィルム『夏雲―逝きしものへのレクイエム―』は俳優の山本學さんの協力で一九九一年に完成し、これを契機に広島女学院では同窓会の主催で「夏雲の集い」が毎年七月に関東で開催されている。この会は一九八八年より原爆の犠牲となった教師と生徒を追悼し、平和に向き合ってきた集会の継続で、会の誕生の音頭を取ったのは山本さんの妻、かつてのわたしのオルガン教師、山本（旧姓：秦）知子先生だった。集いでは被爆した女生徒の手記などが朗読され、いまもつづいている。

キリスト教会も原爆の問題、平和問題に早くから関わっており、平和を作り出すことを使命とした日本基督教団広島牛田教会が一九四八年一月に設立され、一九五四年八月には幟町カトリック教会に「世界平和記念聖堂」が建立された。二〇二三年八月四日の第一回の遡上の旅の折には牛田教会の教会墓地を、翌年一月一四日には世界平和記念聖堂をわたしは訪問した。

牛田教会はわたしの母教会だが、墓参するのは初めてだった。初代の松本卓夫牧師の墓の前で、在りし日の彼の独特の語り口を思い出しながら、わたしはしばらく目を閉じた。案内してくれたのは、小学校時代からの無二の親友、今石正人君。彼によると今石一家は戦後しばらくのあいだ松本牧師と寝食をともにし、今石君の父親の益之元女学院長は彼を父のように慕っていたという。それほど親しい間柄だったが、地獄を垣間見た松本牧師がそのようすを語った記憶はまったくないという。平和の尊さを語ることはできても、地獄の惨状をプライベートな形で語れなかった、ということなのだろう。

「世界平和記念聖堂」はカトリックの幟町教会を母体として、ご自身がそこで被爆したF・ラッサール神父の発案と尽力により一九五四年八月六日に建立された。訪問に先立ち、元上智学院理事長の高祖敏明神父に連絡を取ったところ、「案内を頼んでおいたから。それから資料を送ったよ」という電話連絡があった。わたしの個人的な思い出が詰まった平和記念聖堂を、今回はじっくり見学することができた。

高祖神父から受け取った資料のひとつに、「宣教師の見たその日—被爆された四人の司祭の手記―」があった。これこそ、わたしが知りたかった内容を記した貴重な文書だった。父とほぼ同じ地域での被爆直後の状況、ヒロシマを脱出する被災者の具体的な状態、傷ついた被爆者を受け入れ治療にあたった長束修練院のようすなどがこと細かく記されている。被爆後まもない一九四六年に書かれたこの文書を読めば、父が遭遇した地獄のようすをより具体的に知ることができる。

ヒロシマの悲劇が語り継がれ、わたしたちが平和な日々を過ごしていたその時期、世界の各地では相変わらず争いと戦いが絶えず、被爆国日本を嘲笑うかのように軍拡競争がつづき、世界の大国は核兵器開発にしのぎを削っていた。一九四九年八月ソ連は原爆実験に成功し、米国は一九五二年一一月に水爆実験を行ない、翌年の八月にはソ連も水爆実験に成功している。

ところが核兵器開発競争に水を差すような事件（第五福竜丸事件）が一九五四年三月に起き、この事件を機に日本では平和運動が大きな高まりを見せた。しかし、米ソによる核兵器開発競争が止むことはなかった。冷戦下のこのような状況を見て、多くの人は「米ソによる核戦争が実際に起こるのではないか」という危惧を真剣に抱くようになった。危惧は現実となり、一九六二年一〇月に「キューバ危機」が発生した。

このとき中学三年生だったわたしはキューバ危機のことをよく覚えているが、世界が全面的な核戦争の危機に瀕しているという認識はあまりなかった。

キューバ危機は、米軍のU2偵察機がキューバ上空で撮影した写真を専門家が解析し、そこにアメリカ本土を射程に置くソ連の準中距離弾道ミサイルが配備されていることを発見したことに端を発している。当時の米国大統領J・F・ケネディはその対抗手段として、最終的に海上封鎖を選択したのだが、これはほぼ宣戦布告に等しい。もし海上封鎖を無視してソ連の船が強行突破すれば、米軍は迷うことなくその船を撃沈するはずだ。それは米ソの全面的な直接対決という、最悪のシナリオの幕開けとなる。幸いなことに、キューバに向かっていたソ連の船舶がUターンしたので、ぎりぎりのところで核戦争を回避することができた。いま思えば、背筋が冷たくなるような状況が起きていたことになる。

米軍は海上封鎖を行なった段階で米ソ間の全面的な核戦争を想定し、日本にいた米兵の家族や米軍属を急遽飛行機に乗せ空中待機させた。事件当時、米軍の岩国海兵隊基地に勤務していた父は、そのときの基地のようすを「基地がからっぽになった」と言って驚いていた。父の言葉の意味をそのときは軽く受けとめていたが、いま思うと彼はたいへんな光景を目撃したことになる。

話は少々飛躍するが、いざ核兵器を用いた戦争が起きた場合、米軍が「わたしたちを守ってくれる」と素直に信じてよいのだろうか。キューバ危機のときの米軍の対応を見ると、答えは言わずもがな、「ノー」である。そうだとすると、「日本は核兵器で自分の国を守らなければならない」という強硬意見が出てきても、不思議はない。だからこそ、原爆の悲惨さを経験したわたしたちは「核兵器を用いる戦争をふたたび起こしてはならない」というヒロシマの原点に立ち返らなければならない。それがキューバ危機から学んだ知恵だ。戦争放棄は理想として求めたいが、現実的には困難というより不可能だろう。核兵器の不使用は人々、とくに国の政治指導者がヒロシマの惨状を直接見れば実現することができる。

ヒロシマが語り継がなければならない平和の原点は、原爆がもたらした地獄をしっかり見続けることにある。

生存被爆者のこころと平和運動のありよう

振り返ると、原爆はすさまじいエネルギーを平和運動に注いだ。

一九五五年八月に第一回原水爆禁止世界大会が広島で開かれ、平和行進が一九五八年にはじまった。わたしが広島学院中高等学校に在籍した時期（一九六〇～六六年）は、平和運動が頂点をきわめた時期であり、同時に看過できない問題点が浮かび上がった時期でもあった。

中学、高校と多感な時代を過ごしたわたしは、世界で現実に起きている出来事をあまりよく理解しないまま、ただ「原爆の悲劇を二度と繰り返してはならない」という純粋な思いで平和運動に取り組んでいた。その思いは、「原爆の使用それ自体が誤っており、許されることではない」という単純な信念に裏付けされており、その考えはいまも変わらない。問題は、その思いが純粋だったゆえ、平和運動のなかに政治的な駆け引きを見たときの失望は大きく、平和運動と称してヒロシマを利用するような動きを感じとるようになると、平和運動そのものを素直に信じることができなくなったことである。

わたしが高校を卒業する直前の一九六五年（昭和四〇年）、核兵器保有をめぐって原水協のなかで対立が起き、日本共産党は当時友好関係にあったソビエト連邦と中華人民共和国を擁護する立場を取った。これに反発した日本社会党は原水協を脱退し、原水爆禁止日本国民会議（略称「原水禁」）を作った。平和運動の分裂に胸を痛めながら、当初わたしは原水禁の立場を支持していた。ところがその後、中ソの共産党との関係がおかしくなった日本共産党は核兵器全面禁止の立場を主張するようになり、逆に社会党系の原水禁は反米の色彩を強め、中ソの核保有に対して擁護的になった。

これらの事件を経験してもわたしの平和を求める気持ちに変わりはなかったが、その関わり方は大きく変化した。そのようになった個人的な直接の原因は、平和行進が大きく関係している。

一九六六年わたしは広島学院を卒業し、東大ＹＭＣＡ寮（東京大学学生基督教青年会寮）に入寮して東京生活を開始した。この寮は大正デモクラシーの旗手吉野作造、『夕鶴』で有名な劇作家木下順二、フランス文学者の森有正、元総理大臣の片山哲など、そうそうたる人が学生時代を過ごした歴史的な寮だった。

わたしが入寮したとき駒場の一年生はわたし一人で、あとはみな近づきがたい先輩ばかりだった。そのなかの一人に梶村慎吾さんという、わたしにとっては雲の上の人がいた。彼は広島アウシュヴィッツ平和行進に参加し、強制収容所解放一八周年記念日の一九六三年一月二七日にアウシュヴィッツへ到着した。その年の夏、彼は平和行進の一員として広島へ帰ってきた。その平和行進には、わたしの母教会の藤田祐《たすく》牧師が焼津から広島まで行進に参加している。その梶村さんと同じ寮で生活するのだから、光栄というよりもたいへん驚いた。もっとも寮内で彼の姿を見るのは稀であり、直接会話したこともほとんどなかった。

梶村さんと平和行進をともにした藤田牧師はわたしにとってとても大切な方である。彼からわたしは中学二年生のときに洗礼を受け、個人的にも尊敬していた。そして彼が平和行進に参加することは教会挙げての賛成があり、わたしも同じ立場だった。

そのころの教会では政治と宗教の問題が盛んに論じられ、「第二次大戦下における日本基督教団の責任についての告白」（一九六七年）が発表される以前から、牛田教会では積極的な政治への関わりが進められていた。ただ、その進め方には偏りがあったようにわたしは当時から感じており、藤田牧師の平和行進が終わって運動の熱が冷めてくると、わたしは平和運動そのものに何か問題があるのではないかと考えるようになった。その追い打ちをかけたのが原水協の分裂であり、政治不信とともに教会の政治への関わりについて大きな疑問を抱いた。さらに平和運動のなかに、生存被爆者に対する配慮が欠けていることに気づいた。キリスト教信仰にもとづく信仰者の政治のあり方が前提に存在し、被爆者といえどもその在り方にしたがうべきだ、という律法主義的な匂いをわたしは嗅いだのだ。その匂いに、実際的な政治の動きが決定的なダメージを追加したということだろう。

原水爆の使用に関係した戦後の歴史は、わたしにとって失望以外の何物でもなかった。ただ運動に失望したというだけではない。このような政治的な駆け引きのなかに、いかに多くの嘘が塗りこめられているかを見ることになり、それ以後わたし自身はこのような政治的な動きに対してまったく心が冷めてしまった。原爆は原点であることに間違いはないが、その原点に立ち返ろうとする目的意識のない平和活動にまったく心を惹かれなくなったのだ。

その不信の構図は大学に入ってからますます強くなり、気がつくとクラスメートがベトナム戦争反対のプラカードを掲げてデモ行進に参加し、反米、反帝国主義のキャンペーンのもとストライキするのをみても、心を動かされることはなくなった。それよりもいつも醒めた目でその活動を眺め、気がつくと距離を置いた場所に一人で立つようになっていた。とくに運動が過激化し、暴力沙汰が起きるようになると、わたしはいたたまれなくなり、その場から逃げるように立ち去っていった。

梶村さんが広島アウシュヴィッツ平和行進に旅立ったのはキューバ危機が起きた年で、わたしは当時中学三年生だった。そのころは国際的に大きな事件が続発し、一九六三年の一一月二二日にはケネディ大統領暗殺事件がテキサス州ダラスで起きている。そのニュースははじまったばかりの衛星中継を通して日本にリアルタイムで届き、人々はテレビにくぎ付けになった。わたしはそのとき弁論大会に出席するため長崎にいた。ケネディ大統領がカトリック教徒だということもあり、同行したキエサ神父は大変衝撃を受け、いっしょした先輩とわたしの三人で当てもなく市内を歩きまわった。

一九六〇年前後は、きな臭い戦争の匂いと平和のうねりが混在する特別な時期だったと思う。一九六四年八月二日と四日、ことの真偽に関する議論は省くが、北ベトナム沖の東京《トンキン》湾でベトナム軍がアメリカの駆逐艦に対して魚雷攻撃をしかけ、ベトナム戦争がはじまった。最初は小競り合い程度だった戦いは一九六五年には米軍による北爆へと拡大し(二月七日)、わたしが大学へ入学した一九六六年四月には、B52による北爆が本格的に開始された。

そのニュースを知ったわたしは、大学の駒場キャンパスの正門前で級友の飯島君と憤慨した思い出がある。

ベトナム戦争そして安田講堂事件

ヒロシマの神田橋のすぐ下流には二つの釣りスポットがあり、わたしは子どものころ、釣竿をかついでよく釣りに出かけた。

わたしが住んでいた牛田の太田川左岸の水門傍には鮠《はや》がよく釣れる場所があり、釣った魚を夕食の足しにしたいときなど、そこで釣り糸を垂れたものである。一方、対岸の白島側には神田橋の袂の、土手から川に向かって石段を少し降りたところに、わたしの好きな釣り場があった。釣り場といっても魚はあまりいないので、そこで釣り糸を垂らすのはわたしぐらいしかいなかった。その場所を選ぶのは、静寂のなかで考えごとをしたいとき。わたしは魚信を気にすることなく、何時間も釣糸を垂らしながら物思いにふけることがよくあった。そのころから六〇年が経過し、気がつくとわたしは喜寿を迎えている。

遡上の旅を何回か繰り返していると、ヒロシマという巨大な壁を前にして自分の立ち位置がわからなくなることがあった。二〇二四年六月一六日、第四回の旅の初日、日が西に傾きはじめた夕刻時、わたしは久しぶりにその釣り場を訪れ、頭をクールダウンすることにした。学生時代に感じたことやみずからの行動指針など、振り返ってみようと。

わたしが高校を卒業し、東京で大学生活をはじめたのは一九六六年（昭和四一年）、一八歳のときだった。米軍による北爆が前年の二月にはじまり、入学した年の四月にはB52が北ベトナムを初空襲するという事件が起きていた。日本社会は反米、ベトナム戦争反対のうねりの只中にあった。高校時代の友人のなかには学生運動に打ち込む者もいて、「まともな学生なら、デモに参加するのは当然」と考えられていた時代だった。

本郷の医学部では、登録医制度問題や研修医の待遇改善などをめぐって学生と教授会が対立し、一九六八年一月二九日、学生はストライキに突入した。翌月、医局長缶詰事件が発生し、教授会は関係した学生の処分を行なう。だがこの処分は誤認にもとづいていることが判明し（当日いなかった学生が処分対象に含まれていた）、紛争は一気にエスカレートした。わたしが駒場から本郷へ進学したときには医学部の授業はまったく行なわれておらず、かわりに連日クラス会議が開かれ、医学部の問題だけではなくさまざまな政治的な問題を真剣に議論した。

その後六月に安田講堂を学生が占拠し、大河内総長（当時）は学生排除に警視庁の機動隊を学内導入した。そのことが契機となり、紛争は大学自治をめぐって大学当局と学生との闘争というかたちに発展していった。このころになると学生の立場の色分けがはっきりし、大きく全共闘（全学共闘会議）系、民青（民主青年同盟）系、いわゆるノンポリ系の三つの集団に分かれた。無関心の者もいたことは否定できないが、学生の多くはいずれかの集団に属して行動をともにした。

全共闘が掲げたいわゆる「七項目要求」の受け入れをめぐり運動はさらに過激化し、ストに突入した時期は学部によって異なるが一〇月には全学無期限ストに突入した。事態を重く見た加藤一郎総長代行は再度機動隊の導入を要請し、翌年の一月一八、一九日、安田講堂を占拠した全共闘の学生を警視庁機動隊が排除するという、いわゆる東大安田講堂事件が発生した。この事件を大きな節目として紛争は沈静に向かい、医学部では一年ぶりに授業が再開されることになった。

わたしはいまでも、安田講堂事件当日のことをよく記憶している。本郷キャンパスのすぐそばの東大ＹＭＣＡ寮に寄宿していたわたしはその日の午後、徒歩で春日通りを根津方面に向かい、大学の塀にそって右に折れた。そして弥生門の前から池之端門までの間を、あてもなく行ったり来たりした。空には多数のヘリコプターが舞い、安田講堂の方角からは学生たちの喚声に混じり、機動隊の撃つ催涙弾の音が聞こえた。

わたしが彷徨った場所は安田講堂を斜め後ろから見る位置だったので実際のやり取りは見えず、耳にする音も思ったより小さかった。通りには人影が少なく、現場を見たいという好奇心よりもどうしようもない虚無感に捉われながら、わたしはそこにいた。「行きつくところへ行った」という思いと、「どうしてこんなかたちで学生と機動隊の若者が戦わなければならないのか」という、言いようのない悲しさが胸を占めた。

わたしは紛争中、いわゆるノンポリの立場を貫いた。そのような位置に立ったのは、自分が争いを本能的に嫌う性格に起因していると思うが、それよりも大きな要因は中高時代に経験した平和運動、政治運動に対する不信感だった。

Going my wayをモットーとする母の影響もあって、わたしは小さいころから自分の目で見て自分の頭で考えることを大切にしてきた。基本的な考えは全共闘に近いが、自己の主義主張を貫くためにはゲバルトもやむなし、という考えにどうしてもついていけなかった。

争いごとがあると、理由は何であれ、わたし自身は黙って身を引くことにしている。その姿勢は終生変わらないと思う。

これまでわたしは熱中して我を忘れるということがなく、自分の周囲で起こる出来事を醒めた目で見てきた。世界で進行している軍拡に対しても同様の態度だったが、それでも無力感が募るばかりで何もできない自分に苛立ちを感じていた。

学生運動を熱心に行なっていた中高時代の友人に、ヒロシマが学生運動に駆り立てる動機となっているかについて、かつて質問したことがある。否定する者はいなかったが、ほとんどの友だちが「それがすべてではない」という。むしろ当時、米軍がベトナムで行なっていた戦争行為に義憤を感じ、反米、反帝国主義活動に入った者が多かった印象をわたしは持っている。

何人かの友人は被爆二世で、家庭内での原爆の話はタブーだった。入市被爆者だった父親に「広島へ入ったん?」と聞いたところ、「原爆の話はするんじゃない」とひどく叱られた友人は、それ以後、父親と原爆の話をすることはなかった。その彼にわたしは手紙を書いた。

僕たちがこの時代を生きた証はいましか語れないし、それとて周囲は興味を示さないかもしれない。被爆二世と言っても、ときがたてば忘れ去られるでしょう。ひとがどう思うかということよりも、ぼくは自分自身で納得のいく幕引きができればよいと考えています。

わたしが学生運動を醒めた目で見ていたのは、中高時代に経験した平和運動に対する失望が大きく影響している。大学に入ってからは平和を強く望んでいても、どこかの運動体に参加して積極的に活動するというパトスはまったく失われていた。一度だけ参加したことのあるデモ行進で、わたしは力による解決の方向にますます失望した。

場所は記憶していないが、目的地について解散する前、デモ行進の総括をすることになり、わたしにマイクがまわってきた。「自分の意志をデモのかたちで表現するのはよいが、力と力のぶつかり合いはぜひ避けなければならないと思った」と素直に自分の気持ちを言葉にした。するとデモ参加者の反応はよくなく、近くにいた機動隊員の失笑が耳に入った。それ以来、わたしはデモに参加するのをやめた。

振り返れば、そのときから五〇年以上が経っていた。二か月後の八月六日を一区切りにしたいと思いながら、わたしはヒロシマ遡上の旅を続けてきた。いまが旅の総括をする時期だ。川の流れをぼんやりと眺めながら、やさしかった亡き父と心の中で対話を続けた。

父がヒロシマの惨劇を語らなかったこともあり、わたしは無意識のうちに原爆の話を避けてきた。原爆がもたらした地獄に対してあまりにも無知だったし、想像を働かせる知恵も持っていなかった。それでもヒロシマ遡上の旅をくり返すなかで気づいたことがある。それは生存被爆者が語れなかった地獄を掘り起こして再構築し、次の世代や人々に伝えていくのは、わたし達被爆二世に託された大切な仕事だということだった。そこで求められるのは三人称の立場でヒロシマの惨劇を語るのではなく、「私の大切なひと」が遭遇した被爆体験を二人称の立場で語り継ぐことだ。そのためにヒロシマと直接繋がる人は原爆一般の知識を深めることよりも、「私の大切なひと」に関するより詳しい情報を得ることの方が重要だ。これまでの遡上の旅では父の被爆体験に焦点を絞り、他のことにあまり触手を伸ばさなかったのはそのためだった。

遡上の旅の最大の成果は、被爆体験についての父の黙秘の意味がわかったことだ。彼が沈黙を貫いたのは「語らなかった」のではなく、「語れなかった」ということに気づいたのだ。父が目にしたのは、人間の尊厳さなど微塵もない被爆者の惨めな姿だった。目前で愛する者が死んで逝き、生きて助けを求める大切な人を放置して逃げざるをえなかった。耳にしたのは助けを求める叫び声、苦痛に苦しむうめき声、水を求める絞り出すような声、断末魔の叫びだった。生存被爆者には、何も応えられなかった無力感とうしろめたさだけが残った。何のために自分は生き残ったのか。自分が生きていることに何の意味があるのか。みずからにこう問いかけながら、生存被爆者は長い間苦しみを背負って生きつづけた。

彼らは苦しみを共有し真の意味の癒し、慰めを求めていた。だがその心の渇きは誰にも理解されることはなく、時だけが癒してくれた。

四〇年近く沈黙を貫いた被災者に対して、わたしたちができることは何だろうか。ホスピスケアの立場に立つと、彼らをそっと見守り、静かな環境で八月六日を迎えられるようにすることが重要だとわかる。被爆者にとってもっとも大切な日を過ごす場所は、言わずもがなヒロシマだ。だが長いあいだ、その日のヒロシマは被爆者にとって決して居心地の良い所ではなかった。外部からやってきた正義漢に土足でこころを蹂躙され、利用された、という被害者意識は被爆者に強い。核兵器反対の気持ちは強く持っていても、これまで行なわれてきた平和運動に生理的な嫌悪感を持つ被爆者は少なくない。被爆者のこころをないがしろにする運動は、どんなに目的が崇高であっても長く継続することはない。

今回の遡上の旅で学んだもうひとつ重要なことは、人の心を動かすのは被爆者一人ひとりの生と死であり、兵器として捉えた原爆ではないということだ。兵器としての原爆の威力に関する研究はまさにサイエンスの領域であり、そこからは原水爆反対の動きは出てこない。核兵器の悪魔性は、一人ひとりのいのちを無残に粉砕するアートにある。原爆の使用をサイエンスで考えるのではなく、アートとして捉えないと、悪魔の素顔は浮かんでこない。

昨年（二〇二三年）の祈念式で小学生の勝岡英玲奈さんが述べていたように（三六頁参照）、被爆一世が生死を彷徨いながら生き延びていのちをつないでくれたことに対して、わたしは被爆二世の立場で心からの感謝を述べたい。勝岡さんが「平和への誓い」のなかで祖父の生きる意味を述べていたように、もしわたしの父が三度のいのちの危機を乗り越えなかったなら、戦後生まれのわたしと弟はこの世に生を受けることはなかった。

わたしたち被爆二世は、父母や祖父母などの被爆一世が経験したものを紡いで残していくという大切な仕事がある。これは被爆二世だからこそできる作業であり、いまやるべきことだと思う。その成果をさらに次の世代に伝えることになるが、彼らに引き継いでもらうのは平和のための運動ではない。原爆そのものが持つ非人間性、悲劇性を自分の言葉でしっかり受けとめ、さらに次の世代に語り伝えていくことの大切さだ。

気がつくと日はすっかり暮れ、先ほどまでの引き潮に合わせの早い流れはやんでいた。ひとり釣り糸を垂れていた釣り人の姿は、いつのまにか消えていた。

V

とうろう流し　[撮影：筆者]
（2024年8月6日）

ヒロシマから発生した平和のベクトル

二〇二四年四月二〇日、第三回の旅でついに父の実家だった川越旅館の位置が判明した。そのいきさつはすでに記したとおりであり（一一四頁参照）、その地点は、いうなれば「グラウンドゼロ」に相当する。わたしにとってヒロシマ遡上の旅の目的地であり、父と祖母にとってはヒロシマ脱出の出発点だったからだ。一九四五年八月六日の朝、父はそこから被爆場所の広島女学院へ向かい、父が家を出てしばらくたったとき、祖母と叔母はその場所で被爆した。祖母は逃げ出したが、叔母はその場所で焼け死んだ。

グラウンドゼロに立った日の翌朝、わたしは中高六年間自転車通学した道を六〇年ぶりに歩いてみた。スタート地点は常盤橋の西のたもと、目的地は己斐《こい》の川本隆史君の家だった。白島から途中の横川までは、井伏鱒二『黒い雨』の主人公の閑間重松《しずましげまつ》が被爆直後に歩いた道を逆方向にたどることになる。小説中の避難する人々の悲惨な姿と、セピア色の懐かしいわたしの通学路を重ね合わせていると、道の両側にビルが立ち並ぶいまの整備された広い道がにわかには信じられなかった。横川駅を少し過ぎたところには、被爆二九年後、五九の春秋を数えた父の終焉の病院が装いを新たにいまも残っており、そこを通り抜けると太田川放水路の河岸に出る。よそ見していて自転車ごと河原に落ちた思い出の土手を、わたしはゆっくりとした足取りで己斐に向かった。

社会倫理学者の川本君は、広島学院の四期後輩にあたる。広島でのオバマ演説を引用して二人の被爆者を紹介した彼のエッセイ「記憶のケアから記録の修復へ──一人の被爆者の『物語』によせて」(『現代思想』二〇一六年八月号)、スミソニアン航空宇宙博物館での被爆資料展示反対論が渦巻くなか、米国の原爆投下不正論を展開したジョン・ロールズ著『正義論』(川本隆史他訳、紀伊国屋書店、二〇一〇年)にはとくに興味を覚えた。

川本君が翻訳したロールズの正義論にわたしは目を通していないが、この問題に関して最近川本君が受けた朝日新聞のインタビュー記事『原爆投下　なぜ不正か』(二〇二三年一一月)を読むことによって、わたしはその概略を理解することができた。それによると、ロールズは米国の原爆使用を「正義にかなう戦争」のコンテキストで論じており、原爆使用は『正しい戦争のルール』から逸脱した免責理由なき犯罪だと断罪している。ロールズの「原爆投下不正論」は被爆国の立場にある我々には受け入れやすい論理だが、原爆投下国の米国ではなかなか受け入れられない主張である。日米でそのような差が生じるのは、なぜだろうか。

戦争状態にある日米両国が原爆の使用について論じる場合、その使用の是非は『正しい戦争のルール』という一つの基準で論ずることになる。ただそこには政治的な判断が入り込むので、国民の意識レベルで合意する、ということはなかなか難しい。それよりもわたしはアメリカの原爆投下を糾弾するロールズの少数意見が抹殺されることなく、大きく取り上げられたことの意義のほうを重視したい。民主主義社会にあっては、ものが自由に言えなくなる、ときの政権に不利な発言をする者の意見は抹消される、というようなことは決してあってはならない。自分たちが選んだ政権がこの民主主義の大原則を守っているかどうか、注意深く見守る必要がある。

かつてわたしもロールズの視点、「現実的ユートピア論」で原爆使用の是非を考えていた。だがヒロシマ遡上の旅をくり返すうち、このような見方は原爆被爆者の経験した「ヒロシマ」とはかけ離れているのではないかと考えるようになった。地獄の惨状に身を置き、奇跡的に生存した被爆者は原爆使用そのものを拒否し、戦争を否定する。これがヒロシマの原点だ。

ロールズは被爆三か月後のヒロシマを山陽本線の車窓から眺めただろう、と川本君は推測している。注意すべきは、ロールズが眺めたのは地獄のヒロシマではないこと。彼は原爆の想像を絶する破壊力を実感したかもしれないが、原爆が被爆者一人ひとりに与えた苦しみは見えなかったはずだ。したがって彼は哲学者の視点で原爆使用の是非を論じざるをえなかった。第三者の立場で、あるいは客観的な枠組みのなかで、と言わざるをえない。

五歳のときに爆心地から一・七キロ離れた場所で被爆した大竹幾久子さんは『いまなお原爆と向き合って』(前出)の中で、「原爆の生き地獄と今も続く被爆者の苦しみを世界の人々が知ることこそが、核の抑止力となるのだ」と述べている。わたしも全く同意見だ。だからこそ、原爆が生み出した地獄を語り継ぐことに意義がある。

「いま、ヒロシマ遡上の旅を続けているところだが、なかなか当時のことを記した文書に出会えなくて困っている。どうしたらいいかな?」

「先輩。『はだしのゲン』がいいですよ」

川本君は思いもかけない漫画を勧めてくれた。『少年ジャンプ』に長期連載された懐かしの『はだしのゲン』のことはよく覚えているが、最後まで読んでいなかった。

「ありがとう。さっそく帰ったら図書館で探してみる」

全一〇巻に及ぶ大作の『はだしのゲン』のなかで被爆一世の著者中沢啓治さんは、被爆前にはじまって、被爆、被爆後を生き抜いた逞しい少年ゲンの目を通して、原爆や戦争にまつわるさまざまな問題を取りあげている。戦争や核兵器反対、差別の問題をモチーフにした筋書きにわたしは賛同するが、この種の問題は内容が複雑でデリケートであり、さまざまな考え方があることを忘れてはならない。問題の解釈が異なるのは当然であるが、まず歴史的な事実として問題が存在したかどうかは重要だ。

戦前から存在する部落問題、朝鮮人問題などの差別は被爆直後だけではなく、戦後になっても問題を引きずっている。そのことについてはある程度知っているが、『はだしのゲン』を読んでいて、原爆はあらたな差別の問題を引き起こしたことに気づかされた。

「なぜ広島へ越して行くのか?　あそこでは草木が一〇〇年以上育たないと言われている。やめた方がよい」

戦後九年経ち、わたしの家族が呉から広島へ移住するとき、親しい友人が首をかしげながら反対した。ヒロシマゆえの差別は、被爆当初から存在していたのだ。それは被爆者に共通する被差別体験といえるが、一方、被爆場所、被爆時の年齢や受けた被害、家族状況などによって、その人固有の被差別体験が異なる。

被災者を受け入れた比較的被害の少なかった地域のひとは被爆者を特別視し、火傷によって変形した容姿の被爆者に「お化け」のレッテルを貼り差別した。親を失った被爆孤児は守ってくれる家族がいないので、やくざに利用されることもあった。

原爆の威力や被害の大きさなどは量で捉えることができるが、個々の被爆者が経験した被爆後の人生は多種多様であり、一般化することはむずかしい。父の場合、つねに支えてくれる妻と子供がそばにいたので、どちらかというと幸せな部類に属すると思う。わたし自身は、被爆二世ゆえの差別を受けた経験はほとんどない。

川本君への訪問が終わり、帰りの市電のなかから市内をぼんやり眺めながら、わたしは原点としてのヒロシマについて考えた。

ヒロシマは世界平和の原点に位置するが、戦後、そこからさまざまな方向に平和のベクトルが発生した。それをどのように捉えればよいのだろうか。被爆から八〇年近くたったいま、被爆二世のわたしが原爆と向き合うことにどんな意味があるのだろうか。

一発の原子爆弾の爆発により瞬時にして平和な町は地獄に変わり、降り注いだ放射性物質は長年にわたって生存被爆者を苦しめた。生存被爆者は打ちひしがれて沈黙するしかなく、大きなエネルギーを吸い取られた。そこへ平和を希求する多くの元気な人がヒロシマに集まってきた。彼らは原爆の破壊力とそれがもたらした悲劇を知り、いちように驚いた。ヒロシマに外部からヒロシマにやってきた人たちは被爆者と逆に、原爆から大きなエネルギーを注入されることになった。

原爆の惨状を知った平和運動家は、ヒロシマを世界平和の拠点にして平和運動の展開を試みた。一方、原爆の開発にあたった米国の科学者は調査団を長期にわたってヒロシマへ派遣し、実戦での原爆の威力を科学的に検証し、兵器としての有用性、人的な被害などを客観的に検討した。こうして全世界がヒロシマに注目して何らかのアクションを起こし、それなりの成果を上げたが、その結果、かたくなに沈黙をつらぬく生存被爆者は長期間にわたって蚊帳の外に置かれることになった。

戦後、ヒロシマから世界平和へ向かって発せられた、さまざまなベクトルのコアを形成するのは被爆者だ。それ故、被爆者の心情をないがしろにすると、いかに崇高な理念を掲げようともその運動は原点から遊離し人々の心は離れていく。

それでは原点から聞こえてくる被爆者のメッセージとは何だろうか。

「この兵器を人類は決して再び使わない。戦争は二度としないことだ」

まさに憲法九条の内容そのものだ。いつの時代にあってもこの願いがかなえば、被爆者の悲劇は昇華されて平和の原点となる。

平和への祈り

幸福《さいわい》なるかな、平和ならしむる者。
その人は神の子と称《とな》えられん。(『マタイによる福音書』五章九節)

父の実家には、組合派の牧師で第八代同志社総長だった海老名弾正先生(一八五六〜一九三七)の手になる掛け軸が飾られていた。川越旅館を定宿にしていた海老名先生はあるとき筆を執り、山上の垂訓として有名なこの聖句を書にしたという。掛け軸は原爆で焼けて残っていないが、父の話によるとたいへんな達筆だったという。

キリスト教と平和とはたいへん深い関係があり、原爆を経験したヒロシマのキリスト教会はそれを原動力として平和活動を展開してきた。若いころのわたしは教会が牽引してきた平和運動に関心を持ったが、喜寿を迎えたこの年になると、原爆という「人間の罪」をキリスト教の立場でどのように理解すればよいか、ということに興味が移っていった。

広島、長崎で実戦に使用されるまで、原子爆弾は未知の、まったく新しいタイプの兵器だった。アインシュタインは質量が膨大なエネルギーに変ることを理論的に予言し、その理論にのっとった兵器をオッペンハイマーが中心になって完成させた。新しく誕生した兵器は「原子爆弾」と命名され、一九四五年七月一六日に爆発実験が行なわれ、八月六日に初めて実戦で使用された。

二〇二四年六月三日の記者クラブの会見で、オッペンハイマーの孫チャールズ・オッペンハイマーが「原爆を含めてあらゆる爆弾を使ってはならない」と発言し、この発言を機に被爆の実態をあとで知って滂沱たる涙を流した彼の祖父、ロバート・オッペンハイマーのことが話題となった。原爆開発を主導したオッペンハイマーが後悔した原爆の製造は、科学者の良心と兵器開発、戦争協力の是非という観点からじっくり議論すべき重要な問題だ。その問題はともかくとして、彼が個人的にひどく後悔しているということを知り、わたしは原爆の大きなくくりの中では彼も被害者だったのだ、という気がしてきた。原爆の開発はいうまでもなく、国家の一大プロジェクトだった。そこに原爆開発者の責任や、原爆投下したB29エノラ・ゲイの乗組員などの個人的な責任を追及しても、あまり意味は無い。重要なのは、原爆を通して人類は「原爆をふたたび使ってはならない」という学びをしたことだ。その学びが核抑止の最大の力となった、とわたしは考えている。

一発の原爆はヒロシマを地獄に変えた。原爆投下の是非を問おうとすれば、戦争が義戦かどうかという問題よりも、原爆を通常兵器の枠組みに組み入れて議論してよいか、という問題の方が重要に思える。今回の遡上の旅で確信したことは、ふたたび使ってはならない悪魔の兵器、それが原子爆弾、核兵器ということだ。それゆえ、いかに威力を小さくしたからといっても、原爆を通常兵器として扱ってはならない。

歴史的、政治的な観点から、原爆使用の是非をどのように考えればよいのだろうか。わたしは原爆使用の是非に関する検証を怠ってはならないが、その検証のなかで原爆使用の正当性を問うのはむずかしいと考えている。そのような問いは原爆による惨劇をCrimeとして見たときの話であって、Crimeの立場からは、国際法で裁かれ政治的に糾弾されなければならない。しかし原爆使用をSinとして捉える別の立場に立つと、原爆使用の犯罪性ではなく、原爆を使用すること自体が罪ということになる。したがって核兵器使用に正当性はなく、特定の国の核兵器使用を擁護したり、条件付きの使用を認めたりする立場は誤っているということになる。

Sinはキリスト者にとって重要な信仰概念だが、一般の方には理解困難な言葉だ。Sinという言葉で表現される罪の概念は、旧約聖書の『創世記』第三章の失楽園物語に由来している。創世記には人間創造と失楽園について次のように記されている。

神はみずからにかたどって人を創造し（『創世記』一章二七節）、祝福し（同一章二八節）、ひとつのこと（善悪の知識の木からは食べてはいけない）を命令し（同二章一七節）、エデンの園に住まわせた（同二章八節、一五節）。ところが人は蛇にそそのかされ（同三章四節）、神の唯一の命令に背き実を口にした（同三章六節）。神は人をエデンの園から追い出した（同三章二三節）。

Sinには神自身の深い苦しみと悲しみがあり、人間に対しては断罪とともに恵みとしての救いの計画を用意した。エデンの園で神の命に背いた人間は、楽園を追い出され死すべき存在となった。その人間の罪を贖うために旧約の神は燔祭《はんさい》（生贄の儀式）を求めたが、新約の神は自身の愛する一人子イエス・キリストを十字架に架けて殺し、死人のうちから蘇らせて人間の罪を贖った。贖われた罪が原罪（Original sin）であり、原罪とは人間であるがゆえに宿命づけられた罪ということになる。ヒロシマ遡上の旅をくり返しながら、わたしのなかではこの「原爆原罪論」の考えがふつふつと煮つまってきた。

そんなおり一九八五年八月六日に幟町の世界平和記念聖堂で執り行なわれた「被爆四〇周

年記念追悼ミサ」に参列したアメリカの一信徒の話を知った。彼は、光り輝く光線を原爆と見立て、そのなかに十字架につけられたキリストを見て、「キリストはヒロシマで十字架につけられた」と証した。原爆がもたらした地獄は神の御手のうちにあり、イエスの十字架上の死によって贖われるということだ。とはいえ、たとえキリスト者であっても、原爆を人間の原罪と捉えイエスキリストの死によって贖われる、という考えは受け入れがたい。

その議論はさておき、世界平和記念聖堂を訪問した際、同じような考えを持つ人がいることを知り、わたしは意を強くした。キリスト教の原罪論に立てば原爆投下は神の意に反して人間が犯した罪の結果であり、生じた悲劇は神が人間に下した罰とみなされる。この考えは長崎で被爆し白血病のために死亡した永井隆博士の原爆燔祭論に通じるが、被爆死した人は決して神への燔祭ではないとわたしは考えている。燔祭論に立てば、被爆死した人があまりにも気の毒である。神へ捧げたのは、神の御子イエスキリスト御自身である。したがって被爆者の死には捧げものという意味はまったくなく、原爆そのものが人間のSinということになる。だからこそ、そこに神の救いの御手が差し伸べられる。

原爆は人間の罪（Sin）の表れとわたしは考えているが、それは人間の犯した罪を断罪しないという意味では決してない。むしろCrimeとしての原爆使用の是非についても徹底的に議論すべきであるが、そもそも原爆が兵器として開発されたことを考えるならば、政治的、軍事的な立場での議論は不可欠であり、そのぶん一定の結論を導くのはたいへん困難な作業になる。

第二回の遡上の旅の二〇二四年一月一五日、父の被爆場所の広島女学院を訪れたとき、わたしは電車通りに面した塀に一片の詩を刻んだ石板を偶然見つけた。

ある朝　爆音を聞いた　わたしの頭上の「空」に　「B29だ」と直感した
わたしが立ち上がったとき　物凄い閃光が　熱くわたしの体をつつんだ
わたしの目は眩み　体はすくみ　こわばり
わたしは思った　「爆弾がわたしの上に落ちた…」と
わたしは思った　「死ぬ」と
わたしは深い闇の底に沈んだ
やがて明かりがかえって来たとき　幾万の人々の絶叫のこだま
わたしの頭の上に　「空」が見えた

わたし達家族は　着のみ着のまま　迫って来る火から逃れた
わたしは見た　裂けた腕の皮膚が　指の先から垂れさがった人々を
わたしは見た　息絶えた母親の体を　揺すぶって泣く幼な子を
それは　手の施しようもない
それは　絶望の世界だった
廃墟の中に立ち　わたしは　さとった
恐怖　残酷の極み　それは
人間が創り出す　ということを

（森本順子　広島女学院高等学校第二回卒業　二〇〇四年八月六日）

わたしは森本さんの詩を読んでいて、最後の二行が特別こころに響いた。原罪論は人間が「とんでもない罪」を犯した、あるいは人間とは「救いようのない罪人」だ、という人間認識を前提としている。しかしより重要なことは、神自身が人間の犯した罪を裁くことに対して、人間とともに苦しんでいることだ。父なる神は御子イエスキリストを十字架にかけ、キリストの死と復活を通して人間の罪を贖ってくださり、罪に死すべき人間を恵みとして救ってくださる。だからこそ救いにあずかるわれわれ人間は、神の恵みに応えなければならない。

世界平和記念聖堂建立の立役者のラサール神父は「あれほどたくさんの人が亡くなられたことを思い、何とかそのための御御堂《おみどう》をと、そのときからずっと聖堂建設のことを考えていました」という。ラサール神父の意図は「祈りの家」を作ることだった。また幟町教会で被爆したチースリク神父は「破壊の日」と題する手記の最後に、原爆投下の翌年の夏、お堀端を歩きながら真っ白に咲く蓮の花をみて、「これこそ生命は死よりも強く、破壊と滅亡には復活が続くといった預言ではないか」と神の計画と恵みを称えている。

日本基督教団牛田教会の初代牧師の松本卓夫氏は「広島・長崎世界平和巡礼団」の団長を務め、世界各地で原爆を語り平和の重要性を訴えた。この巡礼団を企画・編成したのは、熱心なクエーカー教徒のバーバラ・レイノルズ女史だ。

一九五〇年代半ばと記憶しているが、フェニックス号という小さなヨットで彼女たちが平和活動を行なっていたころ、彼女は夫アール・レイノルズ氏とともに我が家を訪ねてきたことがある。平和主義を大切にする彼女たちに共鳴してか、親しく英語で語り合う両親の姿がいまもわたしの脳裏に強く残っている。平和に対するクエーカー教徒の基本的な立場は、わたしの平和に対する考え方そのものだ。

原爆原罪論の考えは原爆の無条件の否定を意味し、それは「暴力はつねに誤りである」という絶対的な平和主義へとつながっていく。

意味の見いだせない原爆死

第一回の遡上の旅に出発する二か月前のことだった。甲府の内藤いづみ医師に連れられてひとりの僧侶がわが家を訪ねてきた。内藤医師によると「高橋卓志という高名な僧で、以前から『先生を紹介してほしい』と望んでいたのでいっしょした」とのことだった。

「やっと意中の人に会えました」

こう言いながら、彼は古い新聞の切り抜きをかばんから取り出した。一九九六年五月一一日付の朝日新聞には、若き日の柳田邦男先生とわたしの顔が大きく写っていた。記事のタイトルは「死のかたちについて語る」とあり、インタビュアーは個人的に親しい河谷史夫さんだった。内容は、「死が人称によって異なる」ことについて柳田先生と語り合ったものだが、忘れていたその記事を高橋和尚がいままで大切に保存していたことにわたしは驚いた。

「私の人生を変えた記事です」

少年のように目をキラキラ輝かせながらこう語った高橋和尚だが、内藤医師によると「大腸がんの末期」とのことだった。そんなことなど意に介していないと言わんばかりに、彼はわたしの顔を見ながら笑顔でうなずいた。

高橋和尚は数年前まで、松本市の浅間温泉にある神宮寺という古刹の住職をしていたが、それを後継者に託し、いまはフリーの立場とのことだ。旧態依然とした仏教の改革に力を注いできたが、彼に貼られたのは「仏教界の異端児」というレッテルだった。その戦いの歩みは、決して平坦ではなかったようだ。その一方で、チェルノブイリ原発事故の被災者やタイのＨＩＶ感染者の支援に力を注ぎ、生と死の問題にも深く関わってきた。

そのようなユニークな道を歩むきっかけとなったのは、「戦没者の遺骨収集」である。後日彼から謹呈された著書を読み、わたしはその詳細を知った。

第二次世界大戦が終わって三三年後の一九七八年八月、当時二九歳だった高橋和尚は戦没者遺骨収集事業で太平洋戦争の激戦地、インドネシアのビアク島を訪れた。彼が遺骨収集のため入っていった西洞窟はビアク支隊の司令部が置かれていた場所で、そこでは一〇〇〇人を超す日本兵が飢えや病、米軍の攻撃によって命を落とした。

洞窟のなかは、足首まで浸る泥水が足元を蔽っていた。泥水をすくうと遺骨が次々と手にあたり、彼は怯んだが、気を取り直して読経をはじめた。

そのときだった。ひとりの女性が突然号泣しはじめ、その場に崩れ落ちた。遺族の立場で遺骨収集事業に参加していた女性の泣き声だった。ビアク島での夫の戦死の公報は戦時中に届いていたが、彼女はその後も独身を通して、ひたすら夫の帰りを待ちつづけた。遠く離れたこの洞窟で死んでいった夫のことを想いながら、彼女の苦しみは遺骨収集のときまでつづいた。

彼女の号泣で全身を揺すぶられた和尚は声が震え、それ以上読経をつづけることができなくなった。このとき慰霊法要の導師を勤めていた禅僧、山田無文老師の一喝がなければ、最後まで読経をつづけることはできなかっただろう、と彼は言う。

「戦争による人の死がいかに大きな傷を遺族に残すのか。そのときはじめて気づきました」

こう言ったあと、高橋和尚はいたずらっぽく笑ってつづけた。「そして仏教のあり方をまじめに考えるようになりました」と。

初対面にもかかわらず、お互いの考えに通じるものがあり、わたしたちはすぐに心を許し合う仲になった。いろいろな話を伺うなかで、わたしは彼が神宮寺の住職だったとき（一九七四～

二〇一八年）に力を入れていた「いのちの伝承」に興味を惹かれた。この行事は一九六五年、彼の先代の時代にはじまったという。しかし、その内容がよく理解できなかったので、わたしは彼に疑問をぶつけた。

「毎夏一週間にわたって『いのちの伝承』を神宮寺で開くということですが、どんなことを行なうのですか？」

「丸木位里、俊夫妻の手による有名な『原爆の図』『沖縄戦の図』を展示して、地域の人に公開し、原爆忌を行ないます。原爆忌の目的は戦争の放棄、原爆被爆者の追悼、生きる者の役割の確認、そしていのちの本質を問うことです」

「いのちの伝承は原爆忌の一環ですね」

「はい。『いのちの伝承』は大切ないのちを次の世代に引き継ぐことを意味しますが、それは『記憶すること自体が平和のための戦いである』ということの、強い意思表示です」

ヒロシマ遡上の旅の二か月前に高橋和尚と出会えたことは、まさに奇跡だった。わたしが考えていることを先代と彼は、はるか前から実行していた。

「でも、どうして原爆忌をヒロシマからはるか離れたこの地で行なうのですか？」
「私の母が広島出身ということがあり、じつは母がこの企画の発案者なのです」

和尚の母君は八月六日の朝、呉線の沿線にあった実家からヒロシマの空にキノコ雲が立ち上がるのを目撃している。そのことがきっかけで彼女は原爆に強い関心を持つようになり、嫁ぎ先の松本で平和について考える会を周囲の親しい人とともに開くようになった。しかもそのことが縁で広島出身の丸木位里画伯と親しくなり、「いのちの伝承」の行事には「原爆の図」の原画を期間中拝借し、参加者に供覧しているとのことだった。

第一回の遡上の旅から帰って二か月後の一〇月、わたしは松本市の浅間温泉にある神宮寺を訪れ、彼に境内を案内してもらった。美しく整った庭を見ながら、丸木画伯の手になる襖絵に魅入った。

玄関では、被爆一か月後に広島で採火された火がいまも燃えつづけていた。

死者の語りかけ

恐ろしさは、一時に大量の人間が殺戮されることにあるのではない
その中に、ひとりひとりの死がないということが、私にはおそろしいのだ
死においてただ数である時、それは絶望そのものである
人は死において、ひとりひとりその名をよばれなければならないものなのだ

（石原吉郎「望郷と海」一九七一年）

第五回目、つまり最後のヒロシマ遡上の旅を三日後に控えた二〇二四年八月二日の夕刻、これまで原爆の問題に口を挟むことがなかった妻が、めずらしくわたしの話をじっくり聞いてくれた。こんなときは感情むき出しで激論を交わし喧嘩別れをするのがつねだが、このときばかりはおだやかに話が進み、彼女からの貴重な意見を素直に受け入れることができた。

「大量死のなかでの個人の死について考えているんだが、どうも考えがまとまらないんだ」

「原爆死とビアク島での戦死という二つの大量死のことね。同じでしょう？　たとえ状況が異なっても、死は本人にとっても家族にとっても受け入れがたい悲劇よね。遺される者に深い悲しみと苦痛を残す」

「うん、そうなんだ。ビアク島まで慰霊にきてもらった夫はよかったが、妻は夫の死を背負ってこの日まで苦しみながら生きてきた。それでいいのかな、とわからなくなったんだ」

「たしかにグリーフケアの問題が残っているわね。でも、よかったのじゃない。マザーテレサが言ってたけど、『看取りでいちばん問題になるのは、関わる人の無関心』だって。その点からいうと、申し分ないと思うわ」

「でも、息を引き取るとき傍にいてあげられなかった」

「仕方ないでしょう。戦争だもの。それよりも、原爆死はどうなるの？　いっしょに逃げた家族もいるけど、家族を放置して自分だけ逃げた場合もあったのでしょう。それに原爆で亡くなった方には、亡くなることに何か意味を見出せたのかしら？」

たしかに原爆死は、死の目的も名誉も何もない、ただ虚しさだけが残る一般人の「みじめな死」だった。それに対してビアク島での戦死は、戦争目的に沿った戦闘員の死だ。個人的には国のために死ぬという「死の意味」があり、死んで英霊として葬られ、そこで仲間と会うという「希望」も準備されていた。

「うーん。本人も家族もまったく受け入れられない死だし、遺された家族のトラウマは大変だろうな」

「あなたの専門のホスピスケアでは、これらの問題をどう考えるの?」

「大量死をぼくは経験したことがない。いつも一人ひとりの死を大切にしているから。死のかたちからいうと、ビアク島での戦死は特殊であって、ヒロシマの原爆死のほうが一般的な感じがする」

四〇年近くホスピスケアに携わるなかで、わたしが一貫して大切にしてきた基本方針がある。それは死ぬことの「意味」、死ぬことに「希望」を見いだすようなケアを決して行なわないことだ。死はきわめてパーソナルな出来事であり、死ぬことに意義を見出すことは個人的な問題以外の何物でもない。ふだん、信者に死の意味を語る牧師や僧侶でさえも、みずからが死に直面すると、死ぬことに意義を見いだし喜んで死んで逝く人はまずいない。それが自然なかたちの死であり、死を前にした偽りのない人間の姿だ。

それでは、原爆死はどうなるのか。異常な死であることに異論をはさむ者はいないだろう。ホスピスケアの哲学にもとづいたケアを提供するなど、まったく不可能な死なので、納得のいく死とはほど遠い。

「亡くなった方には申し訳ないけど、惨めな死よね。原爆は。遺族の方は辛いでしょうね」

「本当にそうだと思う。市内は慰霊碑だらけだよ。しかもそれがいまもたいへんきれいに手入れが行き届いている。でも、それでいいのかな」

「亡くなった方が生き返るわけではないけど、それでいいのでは。そもそも慰霊は、遺族にとってのグリーフワークですよね」

妻のおかげで、だいぶ問題が整理できた。

「当事者の方は、たとえ大量死であっても決して数を重視することはない。あくまで自分にとって大切ないのち。二人称の立場で死を捉えている。原爆死も戦闘中の死も同じだが、原爆死を数で語ることはタブー。戦争や原爆の持つ非人間性が薄まるもの」

「同じようなことが医学や看護でも問題になるわね」

こう言って、妻は相槌を打った。

医学の分野では物事を論じる場合、ＥＢＭ（Evidence Based Medicine）が重要視されており、数がその学問的な主張の根拠となっている。たとえばひとの死は数値化して、客観的なデータとして分析、総合され、Evidenceとしてわたし達の目の前に登場する。死を数値化して論ずるのは時と場合によってたしかに必要だが、原爆の非人間性を問題にする場合には「死の質」を問うことがそれ以上に重要となる。そのとき用いられるNarrative Approachでは、死に逝く人や遺族の語りを重要視する。

数量的な原爆評価に多くの人が関心を持つが、そのアプローチからは兵器としての原爆の威力をあきらかにすることはできても、兵器として原爆がもたらす非人間性をあきらかにすることはなく、かえってそれを隠蔽する可能性がある。

今回のヒロシマ遡上の旅でわたしが一貫して関心を持ったのは、原爆の破壊力ではなく、原爆がもたらす悲劇性だった。それを教えてくれたのが、被爆して消えていった一つひとつの命だ。そのような理由から、そのひとの個人史、その人を中心とした人間関係、遺された家族のことなどにわたしは深い関心を持った。

Narrative Approachから導かれる結論は、戦争に意義を見出そうとする人には目障りなものとなり、抹消の対象となるだろう。だからこそヒロシマ発のメッセージは、被爆体験者一人ひとりの経験を重視したものでなければならない。

被爆者からわたしたちが学んだことは、原爆をふたたび使用すればヒロシマ、ナガサキで起きた悲劇が必ずくり返されることだ。

「戦争はなくならないかもしれないけれど、核兵器の使用はあってはならない。その目的を達成するためには、生存被爆者の被爆体験を語り継いでいくことが大切だ」

「私も同じ意見だわ。核兵器はどんなかたちであれ、決して使ってはならないと思う。世界の政治のリーダーは、一発の原爆がどれだけの人々を惨めな死に追いやり、生き残った被爆者を長年苦しめたか、知らなければいけないと思う。だから、とにかく被爆の実態を見てほしいわ」

「ビアク島でも兵士の尊い命が失われたことに変わりはないが、原爆死のようなメッセージを読み取るのはむずかしいよね。でも慰霊に来た彼女が愛する夫の死を背負って、長いあいだ苦しんだこと。それは原爆と同じだ。彼女の涙が高橋和尚の人生を変えたことにも、大きな意義があったと思うよ」

原爆の悲劇、戦争の虚しさを雄弁に語るのは、一人ひとりの悲惨な死と残された遺族の苦しみだ。原爆の悲劇は語り継いでいかなければならない。その役をになうのがわたしたち被爆二世、三世だ。

旅の終着

二〇二三年八月六日、最初のヒロシマ遡上の旅が終わろうとする夜、わたしは北杜市の瀕死の乳がん患者Aさんの所へ電話した。いまわのときを彼女は生き抜いていた。そのことがわかり安堵したが、翌八月七日未明、彼女の夫から訃報の電話が入った。


「先生、先ほど安らかに息を引き取りました。ありがとうございます」

「いままでがんばってくださったのですね。どんなごようすでしたか」

「わたしひとりが看取ったのですが、あっけない最期でした。苦しむことなく、眠るように逝きました。いま看護師さんがこちらに向かっています。先生、死亡診断をぜひお願いします」

「これから広島を発つので、そちらに着くのは少し遅くなりますが、それでよいですか。ぼくがそちらに着くまで、ご遺体はそのままにしておいてください。クーラーをしっかりかけて部屋を涼しくし、ドライアイスでご遺体を冷やすのは構いません」

電話口が少し賑やかになった。訪問看護師が到着したようだ。

彼女たちの報告では、ご遺体の状況に特別な問題がなく、夫も落ち着いているとのことだった。わたしは当初のスケジュール通りに神戸を経由して松本空港に着き、駐車していた車に乗って彼女の家に向かった。

夕日のあたる玄関の扉をノックすると、夫が緊張したようすであらわれ、深々と一礼した。

「妻の最期は二匹の子犬とわたしで見届けました」

「早かったので心の準備ができなかったのでは？」

「いえ、最初は戸惑いましたが……。でも脳転移がわかった時点で、やがてこの日が来ることはわかっていました」

「十分看病できましたか。不安ではなかったですか？」

「心ゆくまで看病しました。具合が悪くなってからは看護師さんが連日来てくれたおかげで、最後まで安心して看病をつづけることができました。これからどうなるかわかりませんが、いまのところは大丈夫です」

涙をぬぐいながら、少し笑みを浮かべて彼はこう語った。

多くの人の護りと支えによって、愛する夫に看取られながら彼女は安らかに旅立つことができた。ふだんどおりの在宅での看取りといってしまえばそれまでだが、今回は特別な思いがわたしの心を過《よ》ぎった。わたしがつい先ほどまで向かい合っていたヒロシマでの原爆死とは、なんという違いだろうか。

心の準備もできず、全身傷つき、ときに愛する家族からも見捨てられ、苦しみながら炎で焼け死んだ惨めないのち。原爆死はホスピスケアが重視するいのちの尊厳など、まるで無関係だった。悲劇的な死と向き合いつづけ、気分が落ち込んでいたわたしには、最期まで人間の尊厳を保ちつづけることのできた彼女の生と死がなによりも嬉しかった。

死亡診断を終えて外に出ると、夜のとばりがすっかり下り、満天の星が輝いていた。彼女の部屋の窓から漏れる温かい光があたりを柔らかく照らし、彼女が永遠の眠りについたログハウスが闇のなかで幻想的に輝いていた。

そのときから一年経った八月六日の夜、わたしは娘とその次男の理穏、妻たちとともにふたたび元安川の川岸にいた。この一年間にわたしは五回ヒロシマを訪れ、ひたすら原爆のことを考えつづけた。その作業がまもなく終わろうとしている。

わたしの隣でとうろう流しの順番を待っていた娘が口を開いた。

「去年と気持ちが違うわ。お父さんはどう？」

「落ち着いた気持ちでここにいることができる。昨日は川越家の記念の礼拝を持つことができたし、今日は二つの式典に出て気持ちの整理がついたからな。それに、いろいろ気づいたことがあった」

「どんな気づき？」

理穏がめずらしくまじめな顔をして質問してきた。

「たくさんあるけど、いちばんは研三爺ちゃんが、口にすることができないような大変な過去を背負って戦後を生きぬいたこと。そのことをまったく理解しないまま、おじいちゃんは自分の頭の中の正義感だけで、研三爺ちゃんを裁いていたことに気づいたことだ」

「研三爺ちゃんは辛かっただろうね。ジージを赦すかな?」

「赦してくれると思う。だから今日のとうろう流しは、親父に捧げるレクイエムなんだ」

「レクイエム?」

「うん、ラテン語で『安息を』という意味だ。とうろうにたくさんの言葉を書いたのだが、一言でいえば『神様の許で、愛する人たちと安らかに過ごせるように』という祈りだ」

「フーン。ここでとうろうを流す人たちは、みんな同じ気持ちだろうね」


去年のとうろう流しではちょっとしたことがひっかかり、とうろうを自分の手で流すことをしなかった。それが一年間、ずっと後悔になっていた。だが今回は迷いもなく、みなでいっしょに祖母、叔母、父のために三つのとうろうを川面に放つことができる。

同じとき、とうろう流しをしている人々を見ていて、遺族のかた一人ひとりに愛する人の生と死があったことを思う。ものを言うまもなく死んでいった被爆者。被爆死は免れたが語ることのできない苦しみを背負って生き、そして死んで逝った生存被爆者。その一人ひとりの集まりが二〇万人の死だ。

五回の遡上の旅を通して、わたしは一貫して父が経験した原爆を追い求めた。そこには被爆前の若き父の姿があり、無我夢中で地獄を潜り抜けた父がおり、人に理解してもらえない苦しみを背負って戦後を生き抜いた孤独な父がいた。

戦争によって人生を狂わされ、原爆で死にきれなかった苦しみを背負い、被爆二九年後の一九七四年一〇月六日、父は五九年の人生を閉じた。戦後一貫して日本に駐留する外国軍の通訳として働いた一般人の父だが、亡くなった翌日の一〇月七日には朝日、毎日、読売、中国新聞の四社がその死をいっせいに報じた。異例のことだと思う。とくに朝日新聞が父のことを大きく報道していた。

岩国市民と米兵のトラブル防止に尽くしていた、米海兵隊岩国航空基地報道部顧問の川越研三さん(59)が六日午前五時半、心筋こうそくのため入院先の広島市三篠町の長崎厚生堂病院で亡くなった。去る一日に入院し、加療中だったが肺炎を併発したという。川越さんは昭和三四年から基地報道部に通訳として勤め、「風俗の違いがトラブルのもとになる」と米兵らに日本の風俗や習慣を教えていた。昭和四六年二月から岩国市と基地側の幹部が双方の問題を毎月持ちより、話し合う日米協議会を始めたが通訳はいつも川越さんが担当した。時には個人の意見として米軍の機構を市側に説明、市側の要望などは出しやすくなるようヒントを与えたこともあり、岩国市にとっても大切な人だった。

そのときから数えて五〇年。やっといまになってわたしは父の苦しみに気づき、なんとしても父の霊を慰めたいと思った。このとうろう流しで、わたしなりに気持ちの整理がつきそうだ。

一年間の遡上の旅を通してわたしが得た結論は一つ。「核兵器は悪魔の兵器。いかなることがあっても、決してふたたび使用してはならない」ということだ。ヒロシマやナガサキの存在意義は、そのことを全世界に向けて発信することにある。その目的をかなえるためには、原爆がもたらした悲劇をそのままの姿でこれからも大切に保存し、一人でも多くの人、特に為政者にしっかりその惨劇を知ってもらう機会を作ることが重要だ。ヒロシマやナガサキの真実を伝えることは、政治的な判断よりも優先されなければならない。

本当の惨劇は被爆者にしか見えないが、それを追体験し可能なかぎり原爆の非人間性を後世に伝えていくのは、わたしたち被爆二世に課せられた役割だ。被爆二世の娘や孫たちは、第三者の目で原爆を見て語るのではない。血のつながる自分の曾祖父や祖母の被爆体験を通して、パーソナルな経験として原爆の悲惨さを追体験し、平和を祈り、さらに次の世代へ語り継いでいってほしい。

日没まで時間があったので、わたしたちは近くの休憩所で飲み物を飲みながら、とうろう流しの時間を待った。おとなしくしている孫にわたしは尋ねた。

「あの宿題を仕上げて、もう四年目なんだね。早いなあ。それにしても暑い中、よくついてきたね。どうだった？」

「ジージの説明を聞きながら実際を見たので、こわかったけどすごくよくわかった」

「明日は朝から資料館へ行くんだって？」

「めずらしく、自分から『行きたい』と言うのよ。わたしも付き合うつもり」

「そうか。とにかく見てきなさい。ぼくたちは疲れたからいっしょしないけれど」

「うん、そのつもりよ。二人で行くから大丈夫」

娘と孫のようすから、今回の旅の目的は十分果たせたように思う。一〇代の孫が原爆に対してわたしと同じような理解をいま求めるのは、無理というもの。だが何十年か後、彼は三日間のヒロシマの旅をきっと思い出すに違いない。そのとき、またヒロシマを訪れてくれればそれで十分だ。

とうろう流しが行なわれる河辺に、福島さんが場所を確保してくれていた。わたしたちの手を離れた三つのとうろうはまるで別れを惜しむかのように、しばらく静かに岸辺近くを漂っていた。やがて波間に揺れながら、周囲の多くのとうろうとともに川の流れに乗り、遠くの方へ消えていった。

一年におよぶヒロシマ遡上の旅は、慰めを祈る言葉を見出すことによって、父へ捧げるレクイエムへと昇華した。その言葉は平和主義、非暴力主義を掲げるわたしの生き方と強く共鳴する。

「原爆を記憶することが、平和のためのわたしの戦いだ」

あとがき

二〇二一年八月六日、わたしは妻とともに東京から山梨県北杜市へ移住し、多忙な在宅ホスピスケアの臨床を大幅に縮小した。移住の目的は一言でいえば終活のためであるが、仕事や趣味などのけじめはそれまでに自分なりに行なってきた。ただ原爆に関する終活は、手つかずの状態で残っていた。被爆二世のわたしはヒロシマを放置したままこの世を去るに忍びず、いつかこの問題に自分なりの決着をつけようと考えていた。ただその意気込みとは裏腹に、そもそも「原爆の問題と深くかかわりたくない」という潜在意識がわたしには強く、どのようなかたちでどこまで踏み込めばよいのか、長いあいだイメージが湧いてこなかった。ようやく心を定めてヒロシマ遡上の旅をはじめたのは二〇二三年の夏である。このとき、孫には尻を叩かれ、柳田邦男先生からは温かい励ましをいただいて、大いに意を強くした。その経緯はすでに本文に記したとおりである。

父の足跡をたどりながら思ったことは、父の実家である川越旅館を記憶していた高田勇さんの言葉にあるように、わたしの取り組みが〝Too late〟だったことだ。たしかにいまとなっては原爆によって焦土と化したヒロシマで、原爆投下前の建物の位置を特定したり、被爆直後の人々の動きを追うのは至難の業だった。しかし苦労したおかげで、父の実家や被爆場所、ヒロシマ脱出経路などを正確に、より身近に知ることができ、被爆時の父の存在をよりリアルに感じることができた。また、他の人の手になる早い段階での数少ない被爆記録を父の姿と重ね合わせることにより、父の被爆体験とそのときの気持ちをより深く理解することが可能となった。

五回のヒロシマ遡上の旅で痛いほどわたしが感じたのは、自分がいかにヒロシマのことをこれまで知らなかったかということだった。今回の振り返りを通して原爆が想像を絶する残酷な兵器だったのをあらためて知り、原爆の悲劇性は個人が経験した悲惨な体験のなかにもっとも如実に表れることに気づいた。しかしいちばん大きな気づきは、生存被爆者が戦後いかに大きな重荷を背負い、口に出せない体験で苦しみながら生きざるを得なかったかをしっかり認識したことだ。わたしにはこれまでそのことに対する気づきがなかっただけではなく、その痛みに対するケアをまったく行なっていなかった。それだけならよいが、その理解がないまま生前の父を批判的な目で一方的に見ていた。いまとなってはその過ちを修復することはできないが、優しかった父ゆえ「よく気づいてくれた」と褒めてくれることに期待したい。

正直なところ、旅の記録をここまでまとめることができるとは思ってもいなかった。これはひとえに柳田邦男先生の励ましのおかげであり、本ができたことを喜んで帯の紹介文まで書いてくださった。ご厚意に対し心から御礼申し上げたい。

そしてこの一年間、ヒロシマ遡上の旅のなかで、多くの方との出会いを経験した。会話を重ねるなかで、新たな気づきにつながったのはまことにありがたいことであった。感謝の念を込めて、順不同で掲げさせていただく。

『黒い雨』の著者の井伏鱒二が長期間逗留したという、わたしの現在の家から近い所の古い日本家屋に住む哲学者の八巻和彦早稲田大学名誉教授。彼は早稲田大学の大学院生のとき、『水ヲ下サイ』(原爆体験を伝える会、一九七二年)という小冊子をヒロシマの原爆資料館に届けた人だ。以前から親しい方だがその働きに関しては初耳だった。

上智学院元理事長の高祖敏明神父からはカトリック関係の文献などを手配していただき、貴重なアドバイスをいただいた。

南アフリカの歴史を専門とする歴史学者の永原陽子先生からは史実に向き合うときの心構えと重要点を教えていただいた。

松本市浅間温泉の神宮寺の高橋卓志前住職は初対面だったが、彼からは「被爆死の意味」について多くのヒントをいただいた。

被爆米兵の研究で有名な森重昭さん、貴重なアドバイスをくださった中高の四年後輩の哲学者川本隆史東大名誉教授、川越旅館のことを覚えていた高田勇さん、泉邸を案内してくれた岡部喜久雄さん……

広島女学院中学高等学校の渡辺信一校長、広島女学院同窓会の清水富士子さん、坂下恵さん、白井京子さん……

そして、五回の遡上の旅すべてにお付き合いくださったＮＨＫ広島の福島由季ディレクター。彼女は年齢がわたしの三分の一といううら若い女性だが、原爆に関する知識は豊富であり、時折わたしに向かって発せられる鋭い質問には何度も考え込まされた。おかげでヒロシマの問題を深めることができたという実感がある。

なお、本書は脱稿から出版まで、あまり時間をおくことなくスムーズに進行した。ここには、長年わたしの秘書役を務めてくれた松浦志のぶさんの力が大きく、はかり知れない。また、本の泉社代表である浜田和子さん、編集担当の井上一夫さんのご理解とご協力の賜物だ。

あらためていま、多くの友人、知人、そして家族の助けがあったからこそ、わたしにとってとても大事な終活にこぎつけることができたと感謝している。心からの謝意を表したい。

原爆は決して使用してはならない悪魔の兵器。そのことを記憶し、後世の人に伝えていくのがわたしたち被爆二世の使命だ。「記憶すること」が平和を実現する戦いであることを忘れないでいたい。

二〇二四年十二月

川越 厚（かわごえ　こう）

在宅ホスピス医のパイオニア。1947年、山口県生まれ。東京大学医学部卒業。茨城県立中央病院産婦人科医長、東京大学講師、白十字診療所在宅ホスピス部長、賛育会病院院長を経て、2000年、在宅ケア支援グループ・パリアンを設立し、代表。2021年から在宅ホスピス研究所パリアン（北杜市）代表。森の診療所医師。

『家で死にたい』（保健同人社）、『がん患者の在宅ホスピスケア』（医学書院）、『ひとり、家で穏やかに死ぬ方法』（主婦と生活社）など著書多数。

ヒロシマ遡上《そじょう》の旅《たび》　父に捧げるレクイエム

2024年12月25日　初版第1刷発行

著　者　川越厚
発行者　浜田和子
発行所　株式会社本の泉社
〒160-0022　東京都新宿区新宿2-11-7
第33宮庭ビル1004
TEL：03-5810-1581　FAX：03-5810-1582
印刷・製本：株式会社ティーケー出版印刷
DTP：本間達哉

ISBN 978-4-7807-2270-3 C0095

いまなお原爆と向き合って
―原爆を落とせし国で―

大竹幾久子　著

四六判並製　二一六頁　一五四〇円（税込）
ISBN978-4-7807-1238-4

今のうちに母から原爆のことを聞いておかないと後悔する。このままでは、私は、一生被爆体験がわからなくなる。気付くのが少し遅すぎたが、いまなら間に合う。

一九九一年の夏、アメリカから広島の実家に里帰りしていた私は、ついに意を決して、母に原爆の時の話を聞くことにした。その朝は、珍しく友人や親戚などの訪問客もなく、母と二人きりの静かな朝だった。勇気を出して、恐る恐る聞いてみた。

「ねえお母さん　原爆の時はどうだったん？」

するると驚いたことに、母は嫌とは言わず、四六年間の沈黙を破って、話し始めた……。

（「はじめに」より）

［一章］母の証言　［二章］ヒロシマからアメリカへ
［三章］ヒロシマ、ナガサキ、そしてフクシマ
―俳句・短歌・詩で綴る自分史―
［四章］いまこそ核兵器の廃絶を！

小社のHP、電話、FAXでもご注文を承ります。

原爆「黒い雨」訴訟

田村和之・竹森雅泰　編

A５判並製　二四八頁　三〇〇〇円（税込）
ISBN978-4-7807-2245-1

二〇一五年一一月、「黒い雨」訴訟が提起された。これは原爆被害を過小評価する国や行政の姿勢を厳しく問うものであり、一審広島地裁（二〇二〇年判決）、二審広島高裁（二〇二一年判決）ともに原告の「黒い雨」被爆者が全面勝訴し、確定した。

何が争点だったのか、判決内容から読み取るべきことは何か。

「被爆者」たる原告に寄り添いながら、訴訟に関わってきた編者・執筆者がそれぞれの専門（社会科学・自然科学）の立場から多面的に考察する。

序論〔田村和之・竹森雅泰〕／「黒い雨」問題とは何か〔湯浅正恵〕／「黒い雨」被爆者のたたかい〔向井均〕／「黒い雨」訴訟・審理経過と判決の内容及び意義について〔竹森雅泰〕／原爆「被爆者」の概念について〔田村和之〕／「黒い雨」再調査と三四年後の真実〔増田善信〕／低空で水平に広がる円形原子雲〔矢ヶ﨑克馬〕／「黒い雨」と放射線内部被曝〔大瀧慈〕／被爆者健康手帳交付行政の課題〔田村和之〕

小社のHP、電話、FAXでもご注文を承ります。